MONTBLANCGRUPPE

Auswahlführer für Wanderer und Bergsteiger

PAUL WERNER

# Montblancgruppe

## Auswahlführer für Wanderer und Bergsteiger

Tagestouren aus dem Tal von Chamonix,
aus dem Val Vény und dem Val Ferret,
Bergwanderungen rund um die Montblancgruppe
sowie der Normalanstieg auf den Montblanc

Mit 40 Abbildungen
sowie einer vielfarbigen Wanderkarte
im Maßstab 1 : 50 000
mit 4 Panoramen auf der Kartenrückseite

BERGVERLAG RUDOLF ROTHER GMBH · MÜNCHEN

Umschlagbild: Die Aiguille de Petit Dru vom Henry-Vallot-Weg, oberhalb Montenvers.

Foto: W. Zeis

Bild gegenüber der Titelseite:
Blick von Montenvers auf die Nordwand der Aiguille Charmoz.

Foto: W. Zeis

Abbildungen im Text (in Klammern die Seitenzahlen):
L. Gensetter (131, 133), K. Puntschuh (39, 49, 57, 67, 97, 99, 101, 121, 135, 151), P. Tairraz (13, 35, 53, 111, 147), W. Zeis (2, 17, 19, 29, 47, 81).
Alle übrigen Aufnahmen stammen vom Verfasser.

Der Verfasser bedankt sich bei Herrn A. H. Ronsdorf, der die Bearbeitung einiger neuer Touren für diese Auflage vornahm.

Die Ausarbeitung aller in diesem Führer beschriebenen Anstiege und Routen erfolgte nach bestem Wissen und Gewissen des Autors. – Die Benützung dieses Führers geschieht auf eigenes Risiko. – Soweit gesetzlich zulässig, wird eine Haftung für etwaige Unfälle und Schäden jeder Art aus keinem Rechtsgrund übernommen.

Bergverlag Rudolf Rother GmbH

3. Auflage 1987
ISBN 3-7633-3415-2
Hergestellt in den Werkstätten der
Rudolf Rother GmbH, München
(2147/6195)

# Vorwort

Montblanc — Verheißung und Erfüllung nur für extreme Hochalpinisten? Mit dieser vielverbreiteten Vorstellung möchte der vorliegende Führer gründlich aufräumen. Gewiß, die übersteilen Eiswände, die wilden Couloirs und Séracs, die gewaltigen Führen im senkrechten Granit — das ist keine Welt für den Bergwanderer. Aber gerade für ihn wie auch für den bergsteigerischen Normalverbraucher bietet das riesige Montblancmassiv eine Reihe lohnender Ziele, vor allem aber eine ungeahnte Fülle nie gesehener und nie geahnter, überwältigender Eindrücke: riesige gleißende Firnfelder von Himalaja-Format; geradezu erschütternde Einblicke in das Chaos berstender Gletscherbrüche, von Schutt und Trümmern bedecktes Toteis, dazu Bergseen von arktischem Charakter. Auch die „Aiguilles“ und die „Dents“, Wälder aus granitenen Nadeln und Zähnen, stellen vieles in den Ostalpen Gesehene in den Schatten. Überraschend ist für die meisten auch der schnelle, oft spontane Wechsel von Firn, blankem Eis und massivem roten Granit, vor allem aber der Kontrast zwischen den tief ins Tal herabfließenden Gletschermassen und der üppig wuchernden Alpenflora.
Was Bergwanderer besonders befriedigt: In Höhen, wo in den Kalkalpen vielfach nur noch nackter Fels zu finden ist, locken hier noch einladende Höhenwege und sogar weit über der Dreitausend-Meter-Grenze sind Schutzhütten und Biwakschachteln zu finden.
Das Ziel dieses Führers: Dem Normalbergsteiger und Bergwanderer für die Dauer eines Urlaubs eine möglichst breitgestreute Palette lohnender Wanderziele vorzuschlagen, welche die leichteren bergsteigerischen Höhepunkte mit einschließt.
Da sich das Montblancmassiv auch sehr gut für Familienurlaube eignet, wurde bei der Zusammenstellung der empfohlenen Touren angestrebt, leichtere Wanderziele mit schwierigeren Gipfelabstechern und Abstiegsvarianten zu kombinieren, damit Anspruchsvolle und Genügsame gleichermaßen befriedigt werden.
Im zweiten Teil wurde die beliebte Rundwanderung um den Montblanc eingehend beschrieben, als krönender Abschluß schließlich der Normalweg auf den „Monarchen“.
Ich hoffe, daß dieser Führer dazu beiträgt, daß jeder am Montblanc „seinen“ Weg und „seine“ Ziele findet und darf dazu eine angenehme Reise, vor allem aber gutes Wetter und gutes Gelingen für die einzelnen Touren wünschen.

München, im Sommer 1987 — Paul Werner

# Inhaltsverzeichnis

# A. Einführung

## Allgemeines

### 1. Lage und Begrenzung

Das Montblancmassiv ist ein Dreiländereck. Die gesamte Nordseite des Massivs und somit der touristische Löwenanteil gehört zu Frankreich. Die Gipfelkuppe des Montblanc befindet sich noch auf rein französischem Territorium, wenn auch in unmittelbarer Grenznähe. Die Südseite der Montblanc-Kette gehört seit 1860 zu Italien; noch heute sind die meisten Orts- und Bergnamen im Tal von Courmayeur französisch. Die Schweiz besitzt im östlichen Teil einen vergleichsweise nur bescheidenen Anteil am eigentlichen Montblanc-Stock. Die wichtigsten Grenzübergänge sind die Pointe Helbronner für Seilbahnfahrer, der Col de la Seigne und der Grand Col de Ferret für die große „Tour du Montblanc"; auch der Col de Balme wird auf Grund der Seilbahnerschließung heute viel begangen. Mag auch an den besagten Übergängen bzw. an einigen vorgelagerten Grenzstationen die Paßkontrolle — sofern überhaupt — denkbar großzügig gehandhabt werden, so empfiehlt es sich doch, bei Grenzübertritten einen Personalausweis mit sich zu führen (Paß ist zu unhandlich!).

### 2. Verkehrsübersicht

*Anreise*

**a) Mit dem Flugzeug:**

Flughafen Genf-Cointrin (Busverbindung nach Chamonix).
Flughafen Lyon-Bron (Zugverbindung nach Chamonix).
Flughafen Satolas.

**b) Mit der Bahn:**

Chamonix ist Bahnhof auf der franz. Eisenbahnstrecke Saint Gervais — Vallorcine, die nach der Schweiz (Martigny) weiterverläuft. Elektrisch betriebene Züge, zahlreiche, planmäßige Verbindungen zu allen bedeutenden Strecken der S.N.C.F.

**c) Mit dem Auto:**

Anreise aus dem *süddeutschen Raum* sowie aus Wien, Nieder- und Oberösterreich, Salzburg am schnellsten und einfachsten über die

Autobahnverbindung Wien — Salzburg — München — Lindau (Autobahn München — Lindau fehlt noch, Autobahnverbindung Rosenheim — Lindau in Planung) — St. Gallen — Zürich — Bern — Vevey (Autobahnkreuzungspunkt am Genfer See, hier links, ostw. ab) — Martigny — von hier Landstraße über den Col des Montets nach Chamonix. Von Tirol und Vorarlberg über den Arlberg zur Autobahn bei St. Gallen.
Anreise aus dem *norddeutschen Raum* über die Autobahn Frankfurt — Karlsruhe — Freiburg — Basel.
Anreise aus Kärnten, Südtirol gegebenenfalls über die Autobahnverbindung Udine — Venedig — Vicenza — Verona — Brescia — Bergamo — Mailand — Novara — Ivrea — Aosta — Courmayeur (Strecke Aosta — Courmayeur Landstraße).

*Innerörtliche Verkehrsverbindungen*

a) **Der Montblanc-Tunnel** wurde am 16. Juli 1965 eröffnet und hat seitdem vollkommen neue Möglichkeiten für den Touristen erschlossen, zudem wurde der Tunnel zur zweitwichtigsten Alpenstraße nach dem Brenner. Er beginnt im ital. Entrèves in 1331 m Höhe (Zollstationen) und endet im franz. Les Pèlerins, in 1274 m Höhe. Seine Länge beträgt 11,6 km, die Fahrbahnbreite 7 m, die größte Höhe 5,98 m, der Tunnel verläuft fast unmittelbar unter der Aiguille du Midi — 2500 m unter deren Gipfel. Seine Gesamtbaukosten beliefen sich auf 130 Millionen DM. Der Tunnel kann das ganze Jahr hindurch befahren werden und verkürzt die Strecken von Italien in die Westschweiz bzw. nach Mittel- und Nordfrankreich während der Sperre der Hochalpenpässe (von Oktober bis Juni) recht erheblich.

b) **Planmäßige Busverbindungen** von Grenoble, Annecy, Genf, Annemasse, Aosta, Mailand, Turin. Prospekte geben Auskunft über mehrere Rundfahrt-Programme.

c) **Der „Chamonix-Bus“** unterhält vom 30. Juni bis 13. September einen regelmäßigen Pendelverkehr zwischen Les Houches über Chamonix nach Le Tour (Fahrzeiten zwischen 7—20 Uhr, Prospekt „Chamonix-Bus“ mit Fahrplan im Reisebüro erhältlich).

## 3. Unterkünfte

Das Tal von **Chamonix** verfügt über ein Angebot von fast 100 Hotels und Pensionen, dazu kommen noch fast 250 Chalets und Appartements. Dennoch ist die Quartierfrage in der Hochsaison ausgesprochen schwierig, frühzeitige Reservierung ist dringend zu empfehlen (am besten schon im Februar).

a) **Hotels und Pensionen:** Die Zimmerreservierung in Chamonix selbst erfolgt am zweckmäßigsten über das zentrale Vermittlungsbüro *Chamvoyages,* Place Balmat, 74 400 Chamonix Mont-Blanc, France, Tel. 150/53 21 01.
Das Büro sendet auf Wunsch neben Prospektmaterial ein komplettes Unterkunftsverzeichnis sowie vorgedruckte Bestellformulare. Da diesem Büro die jeweilige Belegung der einzelnen Hotels bekannt ist, erspart man das nutzlose und nervenaufreibende Anschreiben mehrerer Quartiere, die vielfach keine Rückantwort geben.
Für Zimmerreservierungen in Les Houches sowie in Argentière können aber zusätzlich auch die örtlichen Reisebüros angeschrieben werden.

b) **Chalets und Ferienwohnungen:** Das Verzeichnis aller Chalets und Ferienwohnungen ist beim *Office du Tourisme,* Place de l'Eglise, Chamonix, erhältlich. Buchungen nehmen folgende Agenturen entgegen: *Chamonix Agence, Agence Schuss,* Place de la Poste, Argentière, *Agence Pierre,* Résidence Aiguille du Midi, Chamonix, Immobilière de la Vallée, Setim.

c) 2 Motels, 1 Jugendherberge, 19 Campingplätze (s. Sonderverzeichnis); „wildes" Zelten wird an vielen Stellen toleriert.

d) **Mahlzeiten-Bons** (chèques-repas): Diese Gutscheine werden von allen Hotels des Chamonix-Tales ausgegeben und von allen Hotels und Restaurants — einschließlich der Bergbetriebe — angenommen.

**Courmayeur:**

a) **Hotels und Pensionen:** Ein Unterkunftsverzeichnis der fast 70 Hotels und Pensionen von Courmayeur erhält man über die *Azienda Autonomia di Soggiorno e Turismo Valle d'Aosta,* Viale Monte Bianco 100, 11 013 Courmayeur, Tel. 01 65 8 20 60/8 20 72.
Mangels eines zentralen Vermittlungsbüros muß man einzelne Hotels anschreiben.

b) Folgende **Campingplätze** stehen zur Verfügung:
Plan Peuterey, 1507 m, Peuterey (20. Juni bis Oktober), 40 000 qm, Bovard Roberto, Via Circonvallazione, Tel. 8 91 17.
La Fodze — Val Vény, 1700 m, Cai-Uget Monte Bianco (Juli bis Au-

gust), Cai-Uget, Galleria Subalpina, 30 — Torino, Tel. 011-53 79 83.
Neyron Val Ferret, 1627 m, Grandes Jorasses (Juli bis 15. September), 10 000 qm, Gadin Aldo, Courmayeur — Aosta.
Plan Veny, 1530 m, Aiguille Noire (Juli bis 15. September), 48 000 qm, Clavel Ottone, Courmayeur — Pussey, Tel. 8 30 97. „Wildes" Zelten ist im allgemeinen unzulässig.

**Wichtiger Hinweis:** Es werden allenthalben neue Hotels und Unterkünfte gebaut und ältere verfallen bzw. werden abgerissen — bitte, erkundigen Sie sich stets nach dem neuesten Stand, der sich jährlich ändern kann.

## 4. Bergbahnen

**a) Chamonix** demonstriert seinen alpinen Weltrang auch in der Dichte seines Bergbahnnetzes. Eine wirkliche Einmaligkeit sei hier eigens erwähnt und gegebenenfalls für ein Tagesunternehmen empfohlen: die „Téléphérique de l'Aiguille du Midi". Die untere Sektion dieses Seilbahnsystems führt auf das Plan de l'Aiguille, 2308 m, Ausgangspunkt des bekannten Henry-Vallot-Weges (R 11) und der beliebtesten Aufstiegsroute zum Refuge Grands Mulets. Die obere Sektion führt, zuletzt in atemberaubender Steilheit, ohne jede Zwischenstütze, auf den Gipfelstock der Aiguille du Midi — mit 3842 m die höchste Seilbahnstation Europas. Von hier kann man in kleineren Gondeln über das gesamte Vallée Blanche und den Glacier du Géant hinüberschweben zur Pointe Helbronner auf der französisch-italienischen Grenze, einem beliebten Sommerski-Stützpunkt. Mit der ital. Tal- und Anschlußseilbahn ist eine Abfahrt über die Mittelstation Le Pavillon, 2174 m, bis ins Tal nach La Palud, 1412 m, möglich. Dieses Seilbahnabenteuer ist wohl das einzige seiner Art in den gesamten Alpen; das kostspielige Vergnügen kann allerdings an schönen Hochsaisontagen wegen des beängstigenden Andranges nicht empfohlen werden, ist aber während der Vor- und Nachsaison ein gewiß für jeden Bergsteiger unvergeßliches Erlebnis. Neben den zahlreichen Seilbahnen und Sesselliften verdienen die beiden Zahnradbahnen besondere Erwähnung. Die „Tramway du Montblanc" hat ihre Talstation schon in Le Fayet, 950 m, und erreicht die Endstation Glacier de Bionnassay, den Ausgangspunkt für den Montblanc-Normalaufstieg, nach 1 Std. 10 Min. Wer im Tal von Chamonix wohnt, wird von Les Houches aus mit der Seilbahn zur Bergstation Le Prarion, 1970 m, emporfahren und dort in die „Tramway" umsteigen.

Die Zahnradbahn zur Station Montenvers am Mer de Glace erreicht das vielbesuchte Touristenziel in 20 Min. und verkürzt die Anstiege zu einer Reihe kleinerer und großer Unternehmen beträchtlich.

**b) Courmayeur** besitzt ein vergleichsweise bescheidenes Seilbahnnetz. Das Liftsystem am Plan Checrouit an der Nordseite des Mont Chétif sowie zur Cresta d'Arp ist zwar eine wertvolle Aufstiegshilfe für alle Bergtouren nördl. des Val Vény, im allgemeinen jedoch als winterlicher Skizirkus konzipiert; die obersten Sektionen stehen im Sommer vielfach still (rechtzeitige diesbezügliche Rückfrage an den Talstationen!). Die Seilbahn von La Palud zur Pointe Helbronner, vorstehend bereits erwähnt, ist der vielleicht wichtigste ital. Beitrag zur Erschließung des Montblancmassivs.

| **Seilbahnen und Lifte in Chamonix** | **Höhenunterschiede** |
|---|---|
| Chamonix, 1035 m – Montenvers, 1909 m | 874 m |
| Montenvers – Mer de Glace (Bergfahrt) | |
| Montenvers – Mer de Glace (Talfahrt) | |
| Chamonix – Plan des Aiguilles, 2308 m | 1273 m |
| Chamonix – Aiguille du Midi, 3842 m | 2807 m |
| Chamonix – Pointe Helbronner, 3466 m | 2807 m (—376 m) |
| Aiguille du Midi – Pointe Helbronner | |
| Chamonix – Planpraz, 2000 m | 965 m |
| Chamonix – Brévent, 2525 m | 1490 m |
| Les Praz, 1060 m – La Flégère, 1900 m | 840 m |
| La Flégère – L'Index, 2435 m | 571 m |
| Les Praz – L'Index | 1375 m |
| Les Houches, 1000 m – Bellevue, 1790 m | 790 m |
| Col de Voza, 1700 m – Prarion, 1970 m | 270 m |
| T. H. P. – Les Houches | |
| Le Fayet, 950 m – Nid d'Aigle, 2364 m | 1414 m |
| Les Chosalets, 1235 m – Croix de Lognan, 1975 m | 740 m |

*Der Nordgipfel der Aiguille du Midi mit Bergstation der Seilbahn.*

| | |
|---|---|
| Les Chosalets, 1235 m – Aiguille des Grands Montets, 3260 m | 2025 m |
| Télésiège de La Herse (in Betrieb von 7.15 bis 13 Uhr) | |
| Les Bossons, 1000 m – Bossonsgletscher, 1400 m | 400 m |
| Le Tour, 1450 m – Charamillon, 1850 m | 400 m |
| Le Tour – Col de Balme, 2190 m | 740 m |

| **Seilbahnen und Lifte in Courmayeur** | **Höhenunterschiede** |
|---|---|
| Funivia del Monte Bianco (La Palud – Pointe Helbronner) | 2054 m |
| 1. Sektion (bis Le Pavillon) | 762 m |
| 1. Sektion | 1292 m |
| Funivia – Val Vény | 619 m |
| Funivia – Courmayeur | 485 m |
| Télécabine – Dolonne | 485 m |
| Funivia – Youla | 361 m |
| Funivia – Arp | 131 m |
| Télécabine – Checrouit | 556 m |

## 5. Geologie

In der Montblancgruppe erleben die Alpen ihren großartigen Höhepunkt. Nicht allein deshalb, weil sich dort auch ihr höchster Gipfel erhebt, sondern auch infolge ihrer Wildheit, hervorgerufen durch mächtige Fels- und Eisabstürze. Die Berge des Montblanc-Gebietes sind so vielseitig wie keine andere Gruppe der Alpen. Das Arvetal, das Val Vény und das Val Ferret bilden die natürlichen Grenzen im Westen und im Osten. Die Fortsetzung der Ostgrenze und zugleich die nördliche Grenze ist das Val d'Entremont, welches eine Linie zwischen der Montblancgruppe und den Walliser Alpen zieht. Weniger naturgegeben und ausgeprägt ist die Südbegrenzung. Sie verläuft in der südwestlichen Verlängerung des Val Vény über den Col de la Seigne, folgt dem obersten Val des Glaciers bis Les Glaciers, bzw. Les Chapieux, führt dann über den Col du Bonhomme nach Les Contamines und stößt nach St. Gervais auf das Arvetal.

Der Montblanc zeigt nach Norden und Süden grundverschiedene Gesichter: zum Tal der Arve gewaltige, in arktischer Größe und Schönheit herabfließende Gletscherströme und endlose, blendendweiße Firnhänge in der Gipfelregion. Zum Val Vény und Val Ferret wildzerrissene, von Steinschlägen und Bergstürzen übersäte schmutziggraue Gletscher, die, eingeengt zwischen zersägten Felsgraten, in die Täler hinabstürzen, flankiert von Steilwänden mit Fels- und Eiscouloirs, durch die Geröll- und Eislawinen fegen.

Das Montblancmassiv gehört, wie auch die nördlich vorgelagerten Aiguilles Rouges, zu den alten kristallinen Kernen unserer Alpen. Tektonisch lassen sich hier noch Reste eines voralpinen, hercynischen Rumpfgebirges erkennen, wobei sich die alpine Faltung den alten Strukturen weitgehend angepaßt hat.

In diese graue Vorzeit gehören auch die Intrusiva, die den Montblanc-Hauptkamm vom Grand des Flambeau über die Grandes Jorasses nach Nordwesten hin aufbauen. Es handelt sich dort um Biotitgranit, einen grobkörnigen Granit, dessen große Feldspäte bereits während der Intrusion parallel zur Druckrichtung eingeregelt wurden. Während für die hercynischen Intrusiva nach verschiedenen Methoden radiometrische Alter zwischen 225—460 Millionen Jahren gemessen wurden, sind die Biotite des Montblanc-Granites erst 18 bis 35 Millionen Jahre „jung". Der eigentliche Gipfelaufbau gehört bereits der sogenannten Randfazies an, d. h. wir finden feinkörnige bis mikrokristalline Granite und Quarzporphyre vor, die auch die umgebenden Hüllgesteine mit einem dichten Gangnetz durchziehen.

Während im Tal der Arve, einer sich vom oberen Rhône-Tal fortsetzenden Synklinal-Zone, noch permokarbone und um Chamonix selbst mesozoische Sedimentgesteine anstehen, wird die Nordwestflanke, etwa bis zum Plan de l'Aiguille, von Gneisen, Glimmerschiefern, Quarziten, Hornfelsen, Amphiboliten und Marmoren gebildet. Wer sich von der ital. Seite dem Montblanc nähert und durch die Courmayeur umgebenden Sedimentgesteine aufsteigt, wird diese Gneisumrahmung vermissen. Sie ist auf der Südostflanke der Massive durch eine riesige Störung, die dem Val Ferret folgt, unterdrückt.

Ein Drittel des Montblancmassivs — seine Oberfläche umfaßt 645 qkm — ist vergletschert. Die durch den Stau der mediterranen Tiefdruckgebiete ausgelösten riesigen Niederschlagmengen und die Höhe der Liefergebiete sind einer der Hauptfaktoren der gewaltigen Vergletscherung, die in gewisser Hinsicht fast einen Vergleich mit dem Himalaya aushält. Das Mer de Glace mit seinen besonders deutlich ablesbaren Ogiven („Jahresringe") ist — zählt man den Glacier du Tacul und den Glacier du Géant hinzu — mit etwa 13 km Länge wohl einer der längsten Gletscher in den Alpen. Am eindrucksvollsten ist jedoch die Steilheit vieler Gletscher und die dadurch verursachte Sérac- und Spaltenbildung.
Die Fließgeschwindigkeit beträgt in diesen Fällen teilweise 40 bis 50 cm am Tag, das sind etwa 2 cm stündlich!
Auch hier macht sich der allgemeine Jahresrückgang der Gletscher — abhängig von der Temperatur- und Niederschlagskomponente — sehr deutlich bemerkbar; an vielen alten Rand- und Stirnmoränen ist die ursprüngliche Ausdehnung der Eisströme noch deutlich abzulesen, das Alter des Bewuchses erlaubt oft deutliche Rückschlüsse auf den zeitlichen Verlauf des Gletscherschwundes. Für das Mer de Glace wurde ein durchschnittlicher Gletscherschwund von 7,5 m im Jahr errechnet, die steilen Gletscher gehen jährlich bis zu 14 m zurück.

## 6. Klima

Das Tal von Chamonix ist ein tiefer, südwest-nordost orientierter Kessel, der im Winter im tiefen Schatten des Montblancmassivs liegt; im Dezember und Januar erscheint hier die Sonne nur kurz am Nachmittag, verbirgt sich mehrmals hinter den Bergspitzen und taucht gegen 16 Uhr wieder hinter dem Montblanc unter. Die umliegenden Dörfer stehen deshalb vorwiegend auf der Sonnenseite, an den Abhängen der Aiguille Rouges: Moussoux, Mont Coverays, Bois.
Schon im Februar nimmt die Sonneneinstrahlung zu und es ist nicht selten, daß im Tal Mittagstemperaturen von 25 Grad in der Sonne gemessen werden und —25 Grad in sternklarer Nacht. Im Tal bleiben Nebel und Wind seltene Gäste; im Frühjahr bläst wohl manchmal heftiger Föhn, aber kaum länger als zwei bis drei Tage.

*Das Mer de Glace von Montenvers, im Hintergrund die Grandes Jorasses.*

Im Spätsommer und im Herbst treten allerdings fast regelmäßig sehr stürmische Winde auf, die sich aber nur selten zu einem regelrechten Herbsttornado steigern können. Solche Tornados dauern zwar höchstens zwei Tage, richten aber verheerende Schäden an – 1963 verursachten sie den Verlust von 70 000 Tonnen Wald!
Die Schneefallhöhe ist wechselhaft, neben schneearmen Wintern gibt es auch sehr üppige Schneefallhöhen – im Winter 1967 wurden in Tour 25 m Gesamtschneefallmenge gemessen.
Im Hochsommer, besonders im August, kann es im Tal ausgesprochen heiß werden, nachts hingegen wird es immer frisch. Im Jahre 1783 soll es so heiß und trocken gewesen sein, daß die ganze Ernte verbrannte und die Bauern vielfach Ländereien verkaufen mußten, um das nötige Heu für das Überleben des Viehs erwerben zu können. Dagegen fiel am 12. Juli 1790 so viel Schnee, daß am Lavancher viele Schafe umkamen.
Ärzte versichern einmütig, daß trotz dieser Extreme das Klima besonders gesund und kräftigend sei; besonders für Asthma-Erkrankungen gilt Chamonix als Heilkurort.
Schon 1860 hat der berühmte Arzt Louis Pasteur große Reinheit der Luft bestätigt, und auch heute noch, trotz anhaltender Luftverpestung durch den Verkehr, erweist sich die Sauerstoffregenerierung durch die großen, tief ins Tal herabstoßenden Gletschermassen mit ihren Millionen von Koniferen als klimatische Segnung.
Trotz Barometer, Hygrometer und einer sehr gewissenhaften lokalen Wettervorhersage sind die alten Bauernregeln noch von Interesse. Grundsätzlich gilt einsetzender Nordwind als Zeichen für gutes Wetter; Schlechtwetter ist von Südwesten zu erwarten. Ein bekanntes, aber nicht sicheres Schlechtwetterzeichen ist die seltsam schmale Wolkenbildung, die gelegentlich die Spitze des Montblanc umkreist, „âne sur le Montblanc" (âne = Esel). Ein alter Spruch besagt aber, daß die Aiguille Verte bei der Wetterprognose das „letzte Wort" hätte: Wenn die an ihrem Gipfel hängenden Wolken vom Winde gegen Süden gejagt werden und die Felsnadel selbst nach rechts dampft, bedeutet es schönes Wetter, auch wenn der Montblanc selbst von seiner „Eselswolke" umkreist ist. Dagegen habe man unbestreitbar schnell schlechtes Wetter zu erwarten, wenn die Aiguille Verte nach links dampft. Wird der Himmel über dem Balme-Paß sehr dunkel, so sei mit einem stürmischen

*Die Westwand der Petit Dru mit dem Bonatti-Pfeiler.*

Windstoß zu rechnen; ein gelblicher Himmel sei der Vorbote von Schneefall. Wenn bei Sonnenuntergang die Berge oberhalb 3000 m rot erglühen, ist es ein gutes Zeichen, erglühen sie aber in tieferen Lagen, ist es eher ein Schlechtwetterzeichen. Wenn die Arve dampft, wenn die Schwalben hoch am Himmel kreisen, wenn nach einem trüben Tag abends ein Sonnenstrahl unterhalb der Jonction den Bossons-Gletscher streichelt, könne man sich für den nächsten Tag auf einen schönen Ausflug vorbereiten. Steigt aber gegen Abend die Temperatur merklich, so ist bestimmt mit schlechtem Wetter zu rechnen.
Im Spätherbst setzt, nach einem alten Sprichwort, der Winter erst richtig ein, wenn die Lärchen alle Nadeln verloren haben.
Ein sehr modernes Wetterzeichen wurde erst 1965, nach Eröffnung des Montblanc-Tunnels gefunden: Wenn der Luftzug im Tunnel in Richtung Süden bläst, bedeutet es gutes Wetter, in umgekehrter Richtung schlechtes Wetter. Die auffallende Vielzahl all dieser alten Wetterzeichen läßt die existentielle Bedeutung des Wetters für die früheren Bewohner dieses Tales erkennen, die vor den oft überraschenden Wetterumstürzen gewarnt sein wollten. So ist Chamonix Schauplatz historischer Naturkatastrophen gewesen.
Im Jahre 1852 durchbrach ein unterirdischer See unter der Mer de Glace seine Höhle, stürzte zu Tal und ließ die Arve so mächtig anschwellen, daß sie das Tal völlig überschwemmte und bis nach Sallanches alle Brücken fortriß.
Die größte Tragödie ereignete sich am 11. Juli 1892. Unter dem Tête-Rousse-Gletscher barst eine mit über 100 000 cbm Wasser gefüllte Höhle, eine 25 m hohe Welle mit Eisschollen brach ins Val Montjoie hinab und riß das Bad Fayet-Saint Gervais weg. Etwa 200 Kurgäste verloren damals ihr Leben, ihre Körper wurden zum Teil an den Bäumen der Sallanchesebene hängend aufgefunden. Allerlei Schutz- und Meßvorrichtungen dürften heute die Wiederholung solcher Katastrophen verhindern.
Quelle: Philippe Gaussot: Chamonix — Mont Blanc und sein Tal, Colmar — Ingersheim 1976.

## 7. Tier- und Pflanzenwelt

Vallorcine = Val Ursinus (Bärental) — zweifelsfrei weist die Etymologie dieses Wortes darauf hin, daß hier früher Bären lebten. Aber auch Wölfe und Luchse sollen das einst weltferne Tal bevölkert haben. Diese Zeiten sind freilich längst vorbei und um 1970 waren es nur noch einige Gemsen, die die rücksichtslos betriebene Jagd, der Pistenbau und der Tourismus übrig gelassen hatten. Dank verschärfter Jagd- und Naturschutzbestimmungen konnte jedoch der Wildbestand wieder gehoben werden, so daß sich in dem von Großwild schon fast entvölkerten Tal nunmehr wieder mehrere Rudel von Gemsen und Rehen, etwa 15 Steinböcke und etwa 30 Hirsche eingelebt haben. Die Jagdsaison wurde auf die Zeit vom 21. Oktober bis 11. November eingeschränkt. Steinböcke und Gemsen trifft man heute am ehesten noch im Nationalpark des Gran Paradiso bei Cogne auf der italienischen Seite.

In Merlet hat die Familie Cachat einen umzäunten Tierpark von 20 Hektar eingerichtet, wo sich Gemsen, Rehe, Steinschafe und Damhirsche tummeln und Murmeltiere ihre possierlichen Spiele treiben.

Im Gegensatz zum Großwild sind Dohlen und Murmeltiere stets in großer Zahl hier heimisch geblieben, und gerade das scheue Murmeltier hat sich auch hier dem Tourismus weitgehend angepaßt. Zwei Paare von Königsadlern kreisen gelegentlich noch oberhalb der Aiguille à Bochard oder im Bereich der Chezerys; ihre Lebensgrundlagen sind sehr eingeschränkt.

Auch der Wald und die Alpenflora haben unter rücksichtslosem Pistenbau empfindlich gelitten. Nach urkundlichen Berichten umfaßte das Tal von Chamonix im Jahre 1783 noch 4135 Hektar Wald, die sich bis zu Beginn dieses Jahrhunderts erhalten hatten. Heute sind es nur noch 3500 Hektar, die allerdings von der Forstverwaltung sorgfältig gehütet werden, auch aus Gründen des Lawinenschutzes.

Der häufigste Baum ist die Schwarztanne. Sie klettern hier bis in Höhen von 1800 m bis 2000 m empor. Daneben wachsen noch verschiedene Arten von Tannen und Fichten. Im unteren Tal finden sich Ahorn und Esche, Erle und Birke, im oberen Tal auch prächtige Lärchen. Diese wurden früher als Bauholz und Deicheln (Wasserleitungsrohre) geschätzt und deshalb stark reduziert. Die Buche ist selten und findet sich noch am häufigsten in der Gegend von Servoz.

Die alpine Flora ist zwar außergewöhnlich vielfältig, aber leider schon sehr spärlich. Edelweiß ist nirgends mehr anzutreffen, dafür aber blauer Enzian, Soldanellen, Alpenveilchen, Ranunkel, Alpen- und Schwefelanemonen, Schlüsselblumen, Oxalide, Alpenakelei, Glockenblumen, Affodil, Fingerhut, wilde Artischocken, Arnika, Silenen, Steinbrech, Aster, Zwergvergißmeinnicht, Silberdistel, Androsace, vor allem aber Rhododendron (Alpenrosen). Alpenrosen

überziehen in üppiger Blütenpracht die Hänge des Montets-Passes und klettern in die Hochlagen des Planpraz und der Chezerys. Im Jahre 1973 ist das Plateau der Aiguilles Rouges zum Naturschutzgebiet erklärt worden. Hier findet sich fast die gesamte Palette der aufgezählten Alpenflora, dazu noch einige sehr seltene Arten von Flechten, die Botaniker aus fernen Ländern anlocken.
Die Initiative der Naturfreunde ermöglichte hier den Bau einer großen Hütte, in der das Schutzpersonal wohnt, die als Auskunftsstätte und Ausstellungsraum dient und auch ein großes Laboratorium beherbergt.
Im Aostatal und im schweizerischen Wallis steht die reiche Tierwelt und auch die alpine Flora seit längerem unter strengem Schutz.
Quelle: Philippe Gaussot: Chamonix — Mont Blanc und sein Tal, Colmar — Ingersheim 1976.

# Praktische Hinweise

## 1. Literatur und Karten

**Literatur:**

Führer der **Montblancgruppe,** von Franz Königer (†), Pit Schubert und Klaus Werner (†), Bergverlag Rudolf Rother, München (1974).

**Der Weiße Berg,** von Ludwig Steinauer (†), Verlag F. Bruckmann KG, München.

**Die Viertausender der Alpen,** von Karl Blodig/Helmut Dumler, Bergverlag Rudolf Rother, München (3. Auflage 1978).

**Chamonix — Mont Blanc und sein Tal,** von Philippe Gaussot, Editions S.A.E.P. Colmar — Ingersheim 1976.

Wanderbuch 1: **Rund um den Mont Blanc,** von Sigismund Dutoit, Kümmerly & Frey, Geogr. Verlag Bern.

Itinerari Alpini 2: **Alti sentieri attorno al Monte Bianco,** von Cosimo Zapelli, Tamari Editori in Bologna.

**Massifs Mont Blanc/Beaufortain,** von J. J. Bach, Editions Didier & Richard.

*Im Abstieg vom Mont Lachat; Blick nach Westen.*

**Chamonix et sa vallée Le Mont Blanc**
Les Guides Bleus Illustrés,
Librairie Hachette, Paris, Boulevard Saint-Germain 79.

**Guida delle Valli di Courmayeur,** von Mario Aldrovandi,
Edizione S.P.E. di C. Fanton & C., Torino.

**Karten:**
Massiccio del Monte Bianco, Sentieri e rifugi
Kompass Carta Turistica 1:50000.
Mont Blanc, Carte Touristique 1: 50000.
Casa editrice Tabacco Udine, Vale Ungheria.
Massifs du Mont Blanc & Beaufortain, 1: 50000,
Edition Didier & Richard.

## 2. Orientierung

Der Gelegenheitsbergsteiger, der Bergwanderer, der Bergsteiger mit Familie und auch der „gemäßigte Bergsteiger" überhaupt findet sehr gut markierte Wege und Pfade, z.T. mit kurzen weglosen Abstechern. Die guten Karten machen Kompaß u.a. Orientierungshilfen überflüssig, sofern man einige der schwieriger auffindbaren Pfade nicht gerade im Nebel angeht. Dies gilt auch für einige Varianten der Montblanc-Umrundung; da die meisten Bergwanderer, die hier entlangziehen, nur wenig Bergerfahrung besitzen, sollten sie wenig begangene Abschnitte nur bei einwandfreier Sicht angehen oder in Begleitung Wegkundiger, ein Kompaß wird dem Ungeübten hier kaum nützen. Sofern man sich keinem Führer anvertraut, ist eine einsame Gletscherüberschreitung bei mangelhafter Sicht nur Erfahrenen mit Kompaß angeraten. Die Montblanc-Besteigung sollte man grundsätzlich nur bei gutem Wetter antreten, die Route ist dann viel begangen und ausreichend gespurt und bietet somit keine ernsthaften Orientierungsprobleme.

## 3. Alpine Auskunft, Bergführerwesen

Compagnie des Guides in Chamonix, Place de l'Eglise, Tel. 530088 — Argentière, Tel. 540012 — Les Houches, Tel. 544296. — Insgesamt 150 Bergführer mit einheitlichen Tarifen; Gruppentouren auf einfacheren Strecken, auch für Anfänger. Bergsteigerschule. Einzeltouren innerhalb des ganzen Massivs.
Feststehendes Programm für Gruppentouren von *Chamonix* aus (ab 15. Juni; siehe auch komplette Prospekte):
Office de Haute Montagne, Tel. 532208.

Unabhängige Vereinigung der Bergführer des Montblanc, 98 Rue des Moulins, Tel. 53 27 05.
Internationale Bergschule, Les Praz, Tel. 53 39 59.
Club alpin français, Avenue de la Gare, Tel. 53 16 03.
**Wetterprognose in Chamonix:** Tel. 53 03 40.
Gekennzeichnete Touren: 250 km Bergtouren mit Wegweisern. Sonderkarte beim Office du Tourisme erhältlich.
Société chamoniarde de secours en montagne (Berghilfe und Rettungsdienst): Ständige Organisation Tel. 53 16 89.
**Bergführerbüro in Courmayeur** im Club Alpino Italiano (CAI) neben dem Museo Alpino.

## 4. Bergrettung, alpine Notsignale

Das international eingeführte alpine Notsignal besteht in der Abgabe von akustischen oder optischen Zeichen, die sechsmal in einer Minute, und zwar in regelmäßigen Zwischenräumen, also alle 10 Sekunden gegeben werden. Hierauf folgt eine Minute Pause, worauf das Notsignal wieder wie in der angeführten Weise gegeben wird und dann wieder eine Minute Pause einzutreten hat. Man wiederholt das Notsignal so oft, bis das Antwortsignal kommt, das in der Weise erfolgt, daß es dreimal in der Minute in gleichmäßigen Abstandspausen, also alle 20 Sekunden, abgegeben wird. Als akustische Zeichen gelten Rufe und Pfiffe, als optische dagegen das Schwenken von Tüchern und Kleidungsstücken, bei Nacht Licht- und Feuersignale (Leuchtpatronen).
Die in den letzten Jahren zunehmende Verwendung von Hubschraubern und Flugzeugen bei der Rettung aus Bergnot hat neue Verständigungsmethoden notwendig gemacht. Rote Biwaksäcke oder Anoraks, Rauchsignale oder Zeichen im Schnee erleichtern das Auffinden aus der Luft. Das internationale Notzeichen SOS kann mit etwa 2 m großen Buchstaben aus Steinen usw. auf andersfarbigem Untergrund ausgelegt oder in den Schnee getreten werden.

Die auf S. 27 abgebildeten Alarmsignale im Gebirge wurden international eingeführt.

Um einen schnellen Rettungseinsatz zu ermöglichen, müssen die Angaben kurz und genau sein.

Man präge sich das „5-W-Schema“ ein:

- **WAS** ist geschehen? (Art des Unfalles, Anzahl der Verletzten)
- **WANN** war das Unglück?

- **WO** passierte der Unfall, wo befindet sich der Verletzte genau? (Karte, Führer)
- **WER** ist verletzt, wer macht die Meldung? (Personalien)
- **WETTER** im Unfallgebiet? (Sichtweite)

**Hubschrauberbergung**

Der Einsatz von Rettungshubschraubern ist von den Sichtverhältnissen abhängig. **Für eine Landung ist zu beachten:**

- Hindernisse im Radius von 100 m dürfen nicht vorhanden sein.
- Es ist eine horizontale Fläche von etwa 30 × 30 m erforderlich. Mulden sind für eine Landung ungeeignet.
- Gegenstände, die durch den Luftwirbel des anfliegenden Hubschraubers umherfliegen können, sind vom Landeplatz zu entfernen.
- Der anfliegende Hubschrauber wird mit dem Rücken zum Wind von einer Person in „Yes-Stellung" eingewiesen.
- Dem gelandeten Hubschrauber darf man sich nur von vorne und erst auf Zeichen des Piloten nähern.

**Versicherungen für Rettungs- und Bergungskosten**

Durch den jährlich entrichteten Mitgliedsbeitrag ist jedes AV-Mitglied automatisch vom Tag der Entrichtung des Beitrages für Rettungs- und Bergungskosten bis zu einer Höhe von 1000,— DM (bei außergewöhnlichen Umständen bis 5000,— DM) versichert.
In *Frankreich* kann man beim Alpinen Informationsbüro (Office de la Haute Montagne) in Chamonix ohne umständliche Formalitäten eine zusätzliche Versicherung für Rettungs-, Bergungs- und Krankenhauskosten abschließen. Diese Art der Versicherung ist bekannt geworden unter der Bezeichnung „S.O.S. MONTAGNE" und existiert seit Sommer 1972.
Versicherungsverträge werden angeboten für eine oder mehrere Wochen bis zu einem Zeitraum von einem Jahr. Versicherungsschutz wird gewährt für zivilrechtliche Haftung, Verteidigung und Interessenwahrung; Bergungs- und Suchaktionen werden bis zu einem Betrag von 10000,— Franc pro Person abgedeckt; Arzt- und Krankenhauskosten bis zu 3000,— Franc pro Person; im Falle eines Krankenhausaufenthaltes wird ab dem zweiten Tag, jedoch nicht für mehr als 90 Tage, Krankenhaustagegeld in Höhe von 30,— Franc pro Tag gezahlt.

## INTERNATIONALE ALARMSIGNALE IM GEBIRGE
## SEGNALI INTERNAZIONALI D'ALLARME IN MONTAGNA
## SIGNAUX INTERNATIONAUX D'ALARME EN MONTAGNE
## SENALES INTERNACIONALES DE ALARMA EN MONTANA

JA
OUI
SI

Rote Rakete oder Feuer
Razzo rosso o luce rossa
Fusée ou feu rouge
Cohete de luz roja

Rotes quadratisches Tuch
Quadrato di tessuto rosso
Carré de tissu rouge
Cuadro de tejido rojo

**WIR BITTEN UM HILFE**
**OCCORRE SOCCORSO**
**NOUS DEMANDONS DE L'AIDE**
**PEDIMOS AYUDA**

NEIN
NON
NO

**WIR BRAUCHEN NICHTS**
**NON ABBIAMO BISOGNO DI NIENTE**
**NOUS N'AVONS BESOIN DE RIEN**
**NO NECESITAMOS NADA**

**Diese Zeichen dienen der Verständigung mit der Hubschrauberbesatzung. Sie ersetzen nicht das Alpine Notsignal.**

## 5. Schwierigkeiten

Die in diesem Führer beschriebenen Bergfahrten und Wanderungen sind auf den Bergwanderer zugeschnitten, der die Berührung mit Schwierigkeiten nach Möglichkeit vermeiden wird. Kletterstellen sind innerhalb der einzelnen Tourenbeschreibungen grundsätzlich hervorgehoben, sie überschreiten jedoch, gute sommerliche Verhältnisse vorausgesetzt, den Schwierigkeitsgrad II der UIAA-Skala (mäßig schwierig für Geübte) nirgends, mit Ausnahme kurzer Kletterstellen an der Aiguille de l'M, welche teilweise den Schwierigkeitsgrad III der UIAA-Skala (ziemlich schwierig für Geübte) aufweisen. Dennoch ist Trittsicherheit und absolute Schwindelfreiheit auf manchen Wegen unbedingte Voraussetzung (z. B. Aufstieg zum Refuge du Couvercle).

Für die Besteigung des Montblanc, selbst über den keinerlei kletter- und eistechnische Schwierigkeiten aufweisenden Normalanstieg über die Aiguille du Goûter, müssen grundsätzlich andere Maßstäbe angesetzt werden. Wegen der ungewöhnlich großen Höhe, welche bis nahe an die 5000-m-Grenze heranreicht, den außergewöhnlichen, mit keiner anderen Gegend der Alpen vergleichbaren klimatischen Bedingungen und den im Gegensatz zum Ostalpenraum doch viel gewaltigeren Dimensionen, bleibt eine Besteigung des Montblanc immer eine ernstzunehmende Bergfahrt, die ausschließlich erfahrenen Hochtouristen vorbehalten bleiben sollte. Ein Wettersturz, selbst auf dem vielbegangenen Bosses-Grat, hat nicht selten Unfälle mit tödlichem Ausgang zur Folge. Besonders ernst zu nehmen ist die Gefahr, daß Bergsteiger, welche nicht genügend akklimatisiert sind, von der Höhenkrankheit befallen werden. Hier hilft nur ein unverzüglicher, rascher Abstieg in tiefere Regionen. Keinesfalls darf der Gipfelanstieg aus Gründen von falschem Ehrgeiz und Selbstbestätigung unter Zuhilfenahme von kreislauffördernden Medikamenten (Dopingmittel) fortgeführt werden. Der Erschöpfungstod hält selbst auf den Normalanstiegen des Weißen Berges oft genug grausame Ernte.

Nähert man sich jedoch wohl vorbereitet, gut ausgerüstet, mit der notwendigen guten körperlichen Verfassung und der ausreichenden Höhenanpassung dem Monarchen, wird seine Besteigung mit Sicherheit großartiger und unvergessener Höhepunkt eines Bergsteigerlebens sein.

*Montblanc mit Grand Plateau und Petit Plateau; in Bildmitte der Felsriegel mit der Grands-Mulets-Hütte.*

## 6. Ausrüstung

Für die Bergwanderungen und Gipfelbesteigungen in Höhen um 3000 m genügen leichte Bergschuhe, in jedem Falle aber mit Gummiprofilsohle. Ein ausreichender Schutz gegen Wind und Kälte ist eine Selbstverständlichkeit, ebenso bei unsicherem Wetter auch ein geeigneter Regenschutz. Proviant ist je nach Länge und Ziel der Tour zu bemessen, erfahrungsgemäß ist Durst viel schlimmer als Hunger, kann aber im wasser- und gletscherreichen Gelände meist sehr einfach gestillt werden — mit guten Brausetabletten und einem leichten Plastikbecher wird jedes Rinnsal zum Hochgenuß!
Auf der gesamten Tour rund um die Montblancgruppe ist hochalpine Ausrüstung wie Pickel, Steigeisen und Seil völlig überflüssig und sinnloser, kräftemordender Ballast. Selbst nach hohen Neuschneefällen mitten im Hochsommer ist ein Pickel überflüssig, da wirkungslos.
Selbstverständlich ist für den Anstieg auf den Montblanc selbst sowie für jeden anderen sog. „leichten 4000er" neben ausreichender Hochgebirgserfahrung sowie genügender Akklimatisierung auch eine entsprechende Ausrüstung unerläßlich. Neben Seilsicherung mit Brust- und Sitzgurt sowie Prusikschlingen sind Pickel und tadellose Steigeisen obligatorisch. Für den Hüttenaufstieg ist wegen Steinschlaggefahr ein Helm anzuraten. Der fast unvermeidliche Sturmwind am Montblanc macht besonders warme Bekleidung erforderlich. Wegen der unsicheren Unterkunftsmöglichkeiten am Refuge de l'Aiguille du Goûter sollte man eine aufrollbare Kunststoff-Liegematte (leicht, aber voluminös!) mitnehmen, so daß man jederzeit ohne Auskühlung am Boden schlafen kann.
Da es beim Aufstieg auf den Montblanc sehr stürmisch werden kann, empfiehlt es sich dringendst, Handschuhe, Mütze u.ä. mit Bändern gegen überraschenden Verlust zu sichern; Der Verlust solcher Kleidungsstücke kann bittere Folgen haben! Gletscherbrille oder sehr dunkle Sonnenbrille massiver Bauart ist unbedingt erforderlich!

## 7. Sport- und Unterhaltungsmöglichkeiten

*Sommerski:* Skilehrer, Tel. 530088, Chamonix.
a) Zufahrt Névé de l'Index (2550 m).
Großkabinenbahn La Flégère, dann Kabinenbahn L'Index.
*Anlagen:* 2 Sessellifte.
b) Zufahrt Col du Géant (3359 m).
Großkabinenbahn Aiguille du Midi, dann Kabinenbahn.

Vallée Blanche oder Großkabinenbahn Colle del Gigante — Pointe Helbronner.
*Anlagen:* 3 Sessellifte.

**Weitere Sportmöglichkeiten**

*Schwimmstadion* in Chamonix (Centre Nautique), mit 3 Hallen- und 3 Freibädern, 2 Saunen.
*Swimming pool* an der Courba Dzeleuna über Courmayeur.
*Sportzentrum* „Hall omnisports" in Chamonix, 6 Hallen für Tennis, Volley, Basket, Handball, Tischtennis, Tanz, Judo, Gewichtheben, Gymnastik, Trampolin, überdachte Kunsteisbahn.
*Tennis* in Chamonix und Courmayeur (12 Plätze, außerdem Privatplätze bei einigen Hotels).
*Golf* in Chamonix (Les Praz) und Courmayeur.
*Reiten* in Chamonix (Les Praz, Les Tinnes, Taconnaz) und Courmayeur.

**Veranstaltungen in Chamonix:** Musikalische Wochen mit berühmten Orchestern und internationalen Solisten.
Traditionelles Fest der Bergführer: 15. August.
Kunstausstellungen, wöchentliche Vorträge.

**Museen:** Musée Alpin im Ortszentrum sowie kleines lokalhistorisches Museum am Gare du Montenvers in *Chamonix*, Museo Alpino neben der Kirche in *Courmayeur*.

## 8. Zum Gebrauch des Führers

Die angegebenen Wegzeiten sind ausschließlich Gehzeiten ohne eingerechnete Pausen. Sie sind für den normalen Bergwanderer bemessen. Als Durchschnittswert gelten bei normalen Wegen 300 bis 400 Höhenmeter pro Stunde für den Aufstieg, 600 bis 800 m Höhenunterschied pro Stunde für den Abstieg. In ebenem Gelände werden etwa 5 km Wegstrecke pro Stunde zurückgelegt.
Die Richtungsangaben links und rechts beziehen sich immer auf die jeweils beschriebene Wegrichtung. Der Führer gliedert sich in
Teil I:
Vorschläge für Tagestouren (Gipfelbesteigungen, selbständige Höhenwege, Hüttentouren) aus dem Tal von Chamonix.
Teil II:
Vorschläge für Tagestouren aus dem Val Vény und dem Val Ferret.
Teil III:
Beschreibung der „Tour de Montblanc", untergliedert in zweckmäßige Tagesetappen.

Teil IV:
Montblanc-Normalanstieg.
Die Routen sind fortlaufend mit Randzahlen versehen. Vermerke und Hinweise beziehen sich auf diese, nicht auf die Seiten.
Das Stichwortverzeichnis am Schluß des Führers dient der raschen Orientierung. Für Ergänzungen in späteren Auflagen wurde eine Reihe von Randzahlen absichtlich freigehalten.

## Abkürzungen

### Allgemeine Abkürzungen

| | | |
|---|---|---|
| Aig. | = | Aiguille |
| bez. | = | bezeichnet |
| CAAI | = | Club Alpino Accademico Italiano |
| CAF | = | Club Alpin Français |
| CAI | = | Club Alpino Italiano |
| franz. | = | französisch |
| Ghs. | = | Gasthaus |
| ital. | = | italienisch |
| m | = | Meter |
| Min. | = | Minuten |
| Mt. | = | Mont |
| orogr. | = | orographisch (Richtung vom Berg ins Tal) |
| P. | = | Punkt |
| Pte. | = | Pointe |
| R | = | Randzahl |
| s. | = | siehe |
| SAC | = | Schweizer Alpenclub |
| schweiz. | = | schweizerisch |
| Sekt. | = | Sektion |
| Std. | = | Stunde(n) |
| Ww. | = | Wegweiser |

### Abkürzungen von Himmelsrichtungen und deren Ableitungen

| | | |
|---|---|---|
| N | = | Norden |
| nördl. | = | nördlich (usw.) |
| nordw. | = | nordwärts, in nördlicher Richtung (usw.) |
| NW | = | Nordwesten (usw.) |
| O | = | Osten |
| S | = | Süden |
| W | = | Westen |

# B. Touristischer Teil

## Talorte

### Französisches Montblancgebiet

**Arvetal.** Das Arvetal trennt wie eine breite in südwestl. Richtung ziehende Furche das Montblancmassiv von den Aiguilles Rouges auf etwa 20 km Länge. Hier liegt neben dem Hauptort Chamonix eine Reihe kleinerer Orte und Weiler neben Streusiedlungen, Einödhöfen und vielen planlosen Ansiedlungen. Die wichtigsten Orte sind neben Chamonix Les Houches und Argentière. Die Region um Chamonix ist eines der größten Tourismus- und Wintersportzentren, sie bietet z. B. 117 000 Fremdenbetten aller Preisklassen, 150 Gaststätten, davon allein 45 Bergrestaurants, etwa 950 Geschäfte, 16 Schwimmbäder, 2 Kasinos, 14 Kinos, 14 Vortragssäle, 33 Nachtklubs...

**Chamonix,** 1035 m. Zentraler Hauptort der französischen Montblanc-Region, Bahnverbindung, internationale Hotellerie mit etwa 25 000 Betten in etwa 100 Hotels. Auskunft: Office du Tourisme, 74 400 Chamonix, Tel. (50) 53 00 24. Restaurants aller Kategorien, 180 Geschäfte. Reiches Seilbahnnetz (s. Seite 12), internationales Skisportzentrum, zentrales Büro für Touristik, zentrales Bergführerbüro (s. Seite 24) und zahlreiche weitere Sportmöglichkeiten (s. Seite 30), Veranstaltungskalender, musikalische Festwochen, sehenswertes Alpinmuseum. Umfassende medizinische Versorgung durch 8 Arztpraxen und 1 Klinik, 5 Apotheken und 8 Zahnarztpraxen. Unterhaltungsmöglichkeiten in Casino, Cabarets, 2 Kinos, zahlreichen Bars und Diskotheken. Katholische und evangelische Kirche. Traditionelles Bergführerfest am 14. und 15. August. Zahlreiches, unentgeltliches Prospektmaterial informiert bis ins letzte Detail, z. B. über Telefonnummern aller Unterkünfte, Banken, Polizei, Fundbüro, Gästekindergarten usw.

Chamonix — mondäner Treffpunkt der high society oder puritanisches Bergsteigerdorf? Nun, so gründlich durchmischt wie hier wird man beide Extreme wohl selten finden: Zerbeulte, buntbemalte 2CVs und alte VWs neben neuesten Automodellen und riesigen Wohnwagengespannen in hoffnungslos überfüllten Ortsstraßen, dazu resignierende Verkehrspolizisten mit Sprechfunkgeräten an verstopften Kreuzungen. Gedränge am Gehsteig, im Supermarkt, in den Lokalen, am Postkartenstand; verwegene Männer mit riesigen

Rucksäcken, daneben feine Herren im Abendanzug und gepflegte Damen im Nerzcape — das ist wohl der erste Eindruck von Chamonix in der hochsommerlichen rush-hour.
Bei der Quartiersuche wird dem geplagten Touristen auch das bauliche Wirrwarr bewußt.
Vorwiegend noch alte, verschnörkelte Hotelfassaden mit hochtrabenden Namen, daneben aber immer mehr hochmoderne Architekturschöpfungen aus Glas, Stahl, Sichtbeton und Edelholz und imponierende Ingenieurleistungen in Gestalt von Stahlbeton-Schalenkonstruktionen; alte landschaftsgebundene Bauformen nur noch am Rande des Geschehens, überall jedoch entspannte Heiterkeit und typische Urlaubsatmosphäre, bei gutem Wetter ein ausgesprochenes Prickeln in der Luft — das ist der angenehme zweite Eindruck, wenn man sich, vom Schreck der Quartiersuche erholt, erstmals endlich ohne Auto unters Volk mischt.
Was man im Laufe der Zeit besonders angenehm empfindet: Ob man in Bergkluft oder Abendkleid erscheint, das spielt hier überhaupt keine Rolle.

**Chamonix les Praz,** 1059 m. Bahnstation, 3 km nördöstl. von Chamonix-Mitte, mit dem Hauptort weitgehend zusammengewachsen und verbunden. Hotels, Chalets und Ferienwohnungen.

**Chamonix les Tines,** 1200 m. 5 km nordöstl. Chamonix-Mitte, mit dem Hauptort weitgehend zusammengewachsen. Hotels, Chalets und Ferienwohnungen.

**Chamonix les Bossons,** 1005 m. Bahnstation, 4 km südwestl. Chamonix, langgezogener Ort längs der Parallelstraße. Hotels, Chalets und Ferienwohnungen, Seilbahnanlagen (s. Seite 12).

**Argentière,** 1257 m. Bahnstation 8 km nordöstl. von Chamonix, zweitgrößter Ort des Tales mit entsprechendem Wintersportzentrum. Große Hotellerie, Chalets und Ferienwohnungen. Seilbahnanlagen (s. Seite 12) im Vorort Les Chosalets. Eigenes Bergführerbüro. Der mondäne Fremdenverkehrsort mit seinen zahlreichen Geschäften und Dienstleistungsbetrieben zieht sich teils längs der Hauptstraße dahin, der heutige Kern liegt jedoch an einer ruhigen Stichstraße.

**Le Lavancher sur Argentière,** 1200 m. Kleiner Ort 5 km nordöstl. von Chamonix an einer schmalen Stichstraße. Hotels und Chalets.

*Das Montblanc-Massiv von Norden, von den Südhängen des Brévent gesehen, mit Montblanc du Tacul, Mont Maudit, Dôme du Goûter und Aiguille du Goûter (von links).*

**Montroc sur Argentière,** 1350 m. Kleiner ruhiger Ort 1,5 km nördl. von Argentière an einer schmalen Stichstraße. Hotels und Chalets, Seilbahnanlagen (s. Seite 12).

**Le Tour sur Argentière,** 1453 m. Kleiner ruhiger Ort 3 km nördl. von Argentière am Ende einer schmalen Stichstraße, Ausgangspunkt der Sessellifte auf den Col de Balme (s. Seite 14).

**Vallorcine,** 1200 m. Bahnstation, 14 km nordöstl. Chamonix, erster Ort westl. der schweizerischen Grenze. Das Tal steigt von hier zum Col des Montets bis auf 1460 m an. Hotels, Chalets und Ferienwohnungen, Auskunft: Syndicat d'Initiative, 74660 Vallorcine, Tel. (50) 546071. In Vallorcine und seiner Umgebung ist noch der Reiz einzelner kleiner Bergdörfer erhalten geblieben, es herrscht allgemein eine ruhige, gemütliche Atmosphäre.

**Les Houches,** 1008 m. Bahnhofstation 8 km südwestl. Chamonix; Seilbahnanlagen (s. Seite 12) mit Anschluß an die „Tramway du Montblanc" (s. Seite 14), wichtigster Ausgangspunkt für die Besteigung des Montblanc auf dem Normalweg. Zahlreiche Geschäfte und Dienstleistungsbetriebe. Hotels, Chalets und Ferienwohnungen; Auskunft: Office du Tourisme, 74310 Les Houches, Tel. (50) 544062. Gut erschlossenes Wintersportzentrum. Eigenes Bergführerbüro. Clubhaus des Belgischen Alpenvereins mit Übernachtungsmöglichkeit. Der Charme des alten Bergbauerndorfes ist noch in einigen Randlagen erhalten; dank der Lage an einer Nebenstraße ist die Atmosphäre relativ ruhig.

**Servoz,** 816 m. Kleines altes Bergdorf 13 km südwestl. Chamonix, an einer entlegenen Seitenstraße gelegen. Mildes Klima dank Lage am Südhang. Hotels, Chalets und Ferienwohnuungen; Auskunft Syndicat d'Initiative, 74310 Servoz, Tel. (50) 472168.

**Val Montjoie.** Das von N nach S längs des Bergflusses Le Bon Nant ziehende Bergtal führt aus dem quirligen Verkehrsknoten St. Gervais/Le Fayet, 800 m, bis zum verträumten Wallfahrtskirchlein Notre Dame de la Gorge, 1400 m, wo die Fahrstraße für normale Autos endet. Im Gegensatz zu den übrigen Tälern rund ums Montblancmassiv bieten sich für den Bergwanderer erst am Talschluß befriedigende Möglichkeiten für den Zugang in die hochalpine Region.

**St. Gervais les Bains/Le Fayet,** 807 m. Große Ortschaft am Abzweig der Straße ins Val Montjoie, 20 km bzw. 24 km westl. Chamonix. Ausgangspunkt der „Tramway du Montblanc" in Le Fayet (s. Seite 11). Reiche touristische Infrastruktur, Wintersportzentrum

(Bettex und Mont d'Arbois) mit Verbindung nach Megève, 1113 m, St. Nicolas de Veroce und zum Le Prarion. In Le Fayet Thermalquelle, in St. Gervais gedeckte Kunsteisbahn und Sommersportpark. Hotels, Chalets und Ferienwohnungen; Auskunft: Syndicat d'Initiative 74170 St. Gervais, Tel. (50) 78 22 43.

**Les Contamines-Montjoie,** 1164 m. Größere Ortschaft etwa auf halber Strecke zum Talschluß des Val Montjoie, 10 km südl. St. Gervais les Bains, 30 km von Chamonix entfernt. Wintersportort. Talort der Montblanc-Umrundung. Reiches Angebot an Geschäften und Dienstleistungsbetrieben. Hotels, Chalets und Ferienwohnungen, Auskunft: Office du Tourisme, 74190 Les Contamines-Montjoie, Tel. (50) 47 01 58.

**Les Chapieux,** 1554 m. Kleiner Ort südl. des Col du Bonhomme, auf Straße erreichbar von Bourg-St. Maurice, hierher am besten von Aosta über den Col du Petit St. Bernard. 2 gute Hotels mit 30 Betten und 25 Lagern. Möglicher Ausgangsort für die Montblanc-Umrundung.

**Ville des Glaciers,** 1789 m. Kleiner Kirchweiler 4,5 km nordöstl. von Les Chapieux (s. R 68).

## Italienische Montblancseite

Südl. des Montblancmassivs zieht das Val Vény westw. zum Col de la Seigne, 2516 m, ostw. zieht das italienische Val Ferret zum Grand Col Ferret, 2537 m. Wo die Flüßchen Dora di Vény und Dora di Ferret zusammentreffen und sich zur südw. strömenden Dora Bàltea vereinen, liegen in enger Aufeinanderfolge die einzigen größeren Orte südl. des Montblancmassivs. Trotz der geringen Entfernung in der Luftlinie war der ursprüngliche Charakter dieser Orte von denen des Arvetales grundverschieden, bis die nivellierenden Einflüsse des Tourismus die verschiedenartigen Merkmale teilweise ausgelöscht haben.

**Courmayeur,** 1226 m. Hauptort der italienischen Montblancregion. Vom Bahnhof in Pré St. Didier, 1040 m, 5 km entfernt, mit Chamonix durch den Montblanc-Tunnel verbunden (s. Seite 9), Autobahn von Mailand bis Aosta, internationale Hotellerie. Bedeutendes Wintersportzentrum. Sehenswertes Alpinmuseum (neben der Kirche). Unterkünfte s. Seite 10, Bergbahnen s. Seite 14.
Courmayeur hat einen merklich anderen Charakter als Chamonix, es ist weniger gegensätzlich, weniger laut. Ein Ansatz von Fußgängerzone im alten Ortskern ermöglicht einen ruhigen abendlichen

Bummel. Auch der bauliche Charakter ist einheitlich: Vorwiegend moderne, aber solide Häuser in bewußter gestalterischer Anlehnung an historische Vorbilder. In Dolonne ist ein Spaziergang durch ein mittelalterliches Straßenbild möglich. An einigen der noch betriebenen Almen ist das 20. Jahrhundert völlig spurlos vorübergegangen. Doch auch hier spürt man bald die wohltuende Toleranz und freut sich über die weit verbreiteten Deutschkenntnisse. Tip für Kunstliebhaber: Sehr lohnend ist ein Abstecher nach Aosta — dem Augusta Praetoria der alten Römer (Triumphbogen des Augustus, Reste des Amphitheaters, unterirdisches Forum, alte Römerbrücke, mittelalterliche Kathedrale mit romanischem Kreuzgang).

**La Saxe,** 1223 m. Nördlicher Vorort von Courmayeur, an der Straßengabelung Val Vény — Val Ferret, mit dem Hauptort baulich verbunden.

**Villair,** 1327 m. Nördlicher Vorort von Courmayeur, 100 Höhenmeter oberhalb des Hauptortes in schöner Lage an einer Stichstraße gelegen.

**Entrèves,** 1306 m. Kleiner Ort 3 km nördl. von Courmayeur nahe dem südl. Ausgang des Montblanctunnels gelegen, einige Hotels.

**La Palud,** 1370 m. Kleiner Ort 3,5 km nördl. von Courmayeur nahe dem südl. Ausgang des Montblanctunnels gelegen, Talstation der Seilbahn zur Pointe Helbronner (s. Seite 14).

**Dolonne,** 1213 m. Altes malerisches Städtchen westl. oberhalb Courmayeur.

**Plampincieux,** 1579 m. Malerischer kleiner Weiler am Eingang ins Val Ferret, 6 km nordöstl. von Courmayeur; 2 einfache Hotels, Zeltplatz.

**Purtrud,** 1489 m. Kleiner Weiler am Eingang ins Val Vény, 6 km nordwestl. von Courmayeur, einfaches Hotel, Zeltplatz im benachbarten Weiler Peuterey, 1507 m.

### Schweizerisches Montblancgebiet

Einfallstor in das schweizerische Montblancgebiet ist Martigny, 470 m, am Rhôneknie gelegen und durch die Autobahn von Norden her erschlossen. Es ist ein gemütliches Städtchen mit berühmten

*Im Trienttal.*

Platanen am Stadtplatz und einer historischen gedeckten Holzbrücke über die Drance. Martigny verfügt über zahlreiche Dienstleistungsbetriebe und Geschäfte sowie 3 Motels und einen Campingplatz; 2 weitere Motels und 2 Campingplätze wenige Kilometer rhôneaufwärts.

Bei Martigny mündet die Drance d'Entremont in die Rhône. Längs dieses Flusses verläuft die 47 km lange Straße durch das gleichnamige Tal, das Val d'Entremont, bis hinauf zum berühmten Col du Grand St. Bernard, 2469 m (Grenze nach Italien; von der Paßhöhe nach Aosta 37 km). Von dieser Straße zum Col du St. Bernard zweigt schon kurz hinter Martigny westw. die 8 km lange Paßstraße zum Col de la Forclaz, 1527 m, ab — es ist die beste Zufahrtsstrecke aus dem süddeutschen Raum nach Chamonix. Schon 9 km südwestl. dieser Paßhöhe trifft die Straße bei L'Ile, 1116 m, auf französisches Gebiet. Wenige Kilometer später, bei Les Valettes, führt eine romantische Bergstraße mit durchschnittlich 6% Steigung in das 12 km vom Straßenabzweig entfernte Champex, in steilen engen Kehren führt von hier die Paßstraße direkt hinab nach Som La Proz, den ersten Ort im Val Ferret. Hierher gelangt man einfacher auf der Straße längs der Drance d'Entremont, über die Orte Sembrancher (Motel) und Orsières, 901 m. (23 km von Martigny, von dort auch Bahnverbindung.) Hier in Orsières zweigt vom Val d'Entremont die insgesamt noch 15 km lange Straße ins schweizerische Val Ferret ab. Sie führt in schöner Lage oberhalb des wilden Bergflusses La Drance de Ferret bis auf über 1700 m Höhe und endet kurz hinter dem gleichnamigen Ort (Ausgangspunkt für den Aufstieg zum Grand Col Ferret).

**Trient,** 1326 m. Kleiner Weiler 6 km östl. der französischen Grenze unterhalb des Col de la Forclaz, keine Unterkunftsmöglichkeiten.

**Champex,** 1466 m. Mondäner Touristenort in landschaftlich einzigartig schöner Lage am gleichnamigen See. Von Martigny über Orsières, 32 km, über den Col des Champex, 18 km. Moderne Restaurants, Geschäfte und Hotellerie; 12 Hotels mit 720 Fremdenbetten. Campingplatz. Am See Segeln und Surfen. Am Col des Champex, 1498 m, 1 km nördl. von der Ortsmitte, Talstation des Sesselliftes zur Breya in 2198 m Höhe (idealer Zugang zur Cabane d'Orny). Idealer Ausgangsort für eine Reihe großartiger Bergwanderungen.

**Praz de Fort,** 1151 m. Kleiner Ort im Val Ferret, 29 km südl. von Martigny, 1 Hotel mit 15 Betten.

**La Fouly,** 1594 m. Kleiner Ort im Val Ferret, 37 km südl. von Martigny, 2 Hotels mit 76 Betten, schöner Campingplatz.

**Ferret,** 1705 m. Kleiner Ort im Talschluß des Val Ferret, 38 km südl. von Martigny, 2 Hotels mit 31 Betten und 50 Lagern, bescheidene Geschäfte, Restaurant. Am großen Parkplatz am Ufer der Drance (unterhalb des Ortes, am Ausgangspunkt des Weges zum Grand Col Ferret) wird Nächtigung im Wohnmobil oder PKW geduldet.

# I. Tagestouren aus dem Tal von Chamonix

**● 1 Mont Lachat,** 2115 m, **Le Prarion,** 1967 m

Mont Lachat und Le Prarion, zwei grasige Vorberge an der Bahnlinie der „Tramway du Montblanc", sind die bescheidensten Anstiege dieses Führers, vermitteln jedoch lohnende Montblanc-Blicke auf die Normalaufstiegs-Seite; Ziele für den Ankunftstag, für einen Rast- oder Schlechtwettertag, für den Abschiedstag.

**● 2 Von Les Houches**

Bei Seilbahnauffahrt sind beide Vorberge zusammen eine einfache Halbtagstour; bez.; Restaurant Hotel du Prarion nahe der Bergstation. Insgesamt 3 Std.

Von Les Houches Seilbahnauffahrt mit der Téléphérique Les Houches — Bellevue (erste Fahrt 8 Uhr) zur Bergstation Bellevue, 1790 m, wenige Min. neben der Haltestelle der „Tramway du Montblanc", 1786 m (La Hutte). Von hier führt ein Pfad zunächst durch dichtes Gesträuch unübersichtlich in Richtung Gipfel; sobald man die Strauchzone hinter sich läßt, kann man sich an einem Drahtseil über den lehmigen Pfad schnell direkt zur buckeligen Gipfelwiese hinaufhangeln. Genügsame können die Aussicht genießen, umkehren und über den Col de Voza, 1653 m, und das teure Hotel du Prarion, 1853 m, noch dem westw. vorgelagerten Aussichtsberg Le Prarion auf bequemen Wegen einen Besuch abstatten.

**● 2 A Abstieg**

1—1½ Std.

Ins Tal entweder mit der Seilbahn oder beim Hotel de Bellevue, 1786 m, nordw. hinab auf einen gemütlichen Waldweg, der bis Les Lavouets führt. Von hier auf Straße zur Talstation.

**● 3 A Abstieg vom Col du Mont Lachat,** 2077 m.

Wildromantischer, völlig einsamer Pfad, 2—2½ Std.

Wer zuerst den Le Prarion und nachher den Mont Lachat besteigt, der sollte bei gutem Wetter den Abstieg vom Col du Mont Lachat ins Tal wagen. Man steigt vom Gipfel des Mont Lachat südw. hinab bis zur Haltestelle der „Tramway" am Col du Mont Lachat, 2077 m. Hier führt ein Steig nordw. ins Tal hinab. Der Weg beginnt zwar

*Blick von der Gipfelwiese des Mont Lachat auf die Nordwestwand der Aiguille de Bionnassay (4051 m). Nach rechts zieht der lange Tricot-Grat gegen den Col de Tricot herab, eine ausgesprochene Genußkletterei und der schönste Anstieg auf diesen mächtigen Montblanc-Trabanten.*

nicht vielversprechend, entpuppt sich jedoch bald als einer der wildromantischsten Pfade; er führt auf alten Moränenkämmen zwischen steilen Schluchten und ehemaligen Gletschercouloirs mit verwirrender Wegführung zu Tal — ein Abstieg von grandioser, bizarr-melancholischer Schönheit, mit unvergeßlichen Rückblicken auf die Aiguilles zwischen wild wuchernder Flora. Der etwas lange Straßenhatscher bis zur Talstation vermag die Freude über die erlebte Eindrucksfülle wohl kaum zu schmälern.

**Schwierigkeit:** Mont Lachat und Le Prarion sehr einfache und kurze Bergwanderungen, auch für Kinder. Aufstieg bis zum Fuße der Les-Rognes-N-Flanke, Aufstieg entlang der „Tramway"-Gleise sowie Aufstieg auf dem Normalweg zum Refuge de Tête Rousse bis zum Grat der Les Rognes einfache, etwas ausgedehntere Bergwanderung. Durchsteigung der Les-Rognes-N-Flanke nur für Geübte mit Orientierungsvermögen; Steinschlaggefahr.

**Gehzeiten:** Les Houches — Bergstation Bellevue zu Fuß 2 Std.; Bergstation Bellevue — Mont Lachat 45 Min.; Bergstation Bellevue — La Prarion 1¼ Std.; Mont Lachat — Les Rognes 2—2½ Std.; Talabstieg Col du Mont Lachat — Talstation Les Houches 2—2½ Std.; Talabstieg Bergstation Bellevue — Talstation Les Houches 1—1½ Std.

**Stützpunkte:** Restaurant an der Bergstation Bellevue, 1790 m; Hotel du Prarion (nobel, Übernachtung), 1853 m; Restaurant Hotel le Nid d'Aigle (einfach), 2386 m.

**Höhenunterschiede:** Les Houches — Bergstation Bellevue 797 m; Bellevue — Mont Lachat 323 m; Bellevue — La Prarion über Col de Voza 314 m; Col du Mont Lachat — Les Rognes 608 m.

## • 4 **Les Rognes,** 2685 m

Die Durchsteigung der N-Flanke der Les Rognes bis zum Grat ist ein Unterfangen für Geübte mit gutem Orientierungssinn, die in völliger Einsamkeit eine weglose Route „nach Westalpenart" gehen möchten und dabei auch Steinschlaggefahr in Kauf nehmen.

### • 5 Von Les Houches

Bei Seilbahnauffahrt kurze Tagestour, nicht bez., zuletzt unübersichtliches und völlig wegloses Gelände, brüchig und lehmig, Steinschlaggefahr. Aufstieg 3—3½ Std.

Von Les Houches Aufstieg zum Mont Lachat, 2115 m, wie in R 2, von hier südw. hinab zum Col du Mont Lachat, 2077 m, Haltestelle der „Tramway". Hierher ohne Gipfelüberschreitung auch entlang der Gleise der „Tramway" oder aber den Abstieg 3 A in umgekehr-

ter Richtung bergauf. Vom Col du Mont Lachat folgt man dem zunächst noch gut sichtbaren, sehr bequemen Weg in Richtung N-Flanke der Les Rognes. Der erste, nach N auslaufende Sporn wird in Serpentinen überstiegen, der nun flachere Weiterweg gestattet großartige Ausblicke auf die Aiguilles und den Glacier de la Griaz. An der letzten Kehre verliert sich der einst kunstvoll angelegte Weg scheinbar ins Ungewisse; Ungeübte sollten hier nochmals die großartige Aussicht genießen und der Sicherheit wegen getrost umkehren.
Geübte erkennen mit scharfem Blick die Restbestände des ehemals aufwendigen und bis auf den Grat emporgeführten Serpentinenweges, der wohl wegen der schwierigen Instandhaltung im extrem brüchigen Felsgelände nach dem Bau der „Tramway" aufgelassen worden sein dürfte. Bei gutem Wetter und genügender Ausaperung ist die dürftige Pfadspur durch die etwas unübersichtliche Flanke der N-Wand jedoch noch zu verfolgen. Erleichtert erreicht man nach einem letzten Anstieg in lehmigem Geröll den Grat — und fühlt sich im Aufstiegsrummel zum Refuge de Tête Rousse sehr geborgen.

● 5 A **Abstieg**

Bis zur Bergstation der „Tramway du Mont Blanc" 1½—2 Std. Talabstieg vom Col du Mont Lachat s. Abstiege R 2 A oder R 3 A.

Über den Normalweg vom Refuge de Tête Rousse hinab zum Hotel Le Nid d'Aigle, Endstation der „Tramway", 2372 m. Der weitere Abstieg bis zum Col de Mont Lachat entlang der Zahnradbahn-Gleise ist eine sehr empfehlenswerte, überraschend aussichtsreiche Wanderung, die in beiden Richtungen viel begangen wird — für Bergwanderer, die das Abenteuer der Les-Rognes-N-Flanke-Begehung scheuen, ist die gesamte Abstiegsroute auch im Aufstieg zu empfehlen. Vom Col du Mont Lachat empfiehlt sich unbedingt der Fußabstieg ins Tal.

● 6 **Le Brévent,** 2526 m

Die Besteigung des Brévent ist — bei Seilbahnauffahrt bis zum Plan Praz — zwar eine leichte und kurze Bergwanderung, der Blick vom Gipfel und vor allem die ständigen Ausblicke beim ausgedehnten Abstieg über die W-Seite bieten jedoch den wohl großartigsten Einblick in die gesamte Westhälfte der Montblanc-N-Seite, die sich hier vom Gipfel bis zur Talsohle in ihrer wilden Schönheit präsentiert.

**● 7 Von Chamonix**

Bei Seilbahnauffahrt bis zur Mittelstation einfache bequeme Tagestour, bez., Restaurant an der Mittelstation Plan Praz, 1995 m, einfacher Kiosk am Gipfel. 1¾ Std. Ohne Seilbahnauffahrt 4½—4¾ Std.

Von Chamonix zur Talstation der Seilbahn zum Plan Praz (Téléphérique du Brévent), von hier Seilbahnauffahrt zum Plan Praz, 1995 m (zu Fuß etwa 2½—3 Std.). Man verzichtet auf die Weiterfahrt mit der 2. Sektion der Seilbahn, steigt auf gut markiertem und beschildertem Weg an der Bergstation des Skilifts vorbei und um den nach S führenden Sporn herum in die S-Flanke des Berges. Auf mäßig steilem Serpentinenweg bequem bis zu einem kleinen, schneegefüllten, romantischen Felskessel, der in den breiten Gipfelgrat eingelagert ist — ein beliebter Klettergarten mit kurzen Routen aller Schwierigkeitsgrade. Der Weg führt nun westl. am Kessel vorbei durch einen breiten Durchstieg auf die N-Seite des Gipfelkammes und über Blockwerk in wenigen Min. bequem zum Gipfel (kleine Hütte mit Ausschank). Durch die S-Wand des Gipfelaufbaus führt außerdem ein kurzer, ausreichend gesicherter Klettersteig.

**● 7 A Abstieg ins Tal**

Gute Wanderwege, bez., 2¾ Std.

Über die breite W-Flanke auf bequemem, aussichtsreichem Weg westw. bergab — der Blick von diesem Weg auf die N-Seite des Montblancmassivs gilt zu Recht als eines der großartigsten Panoramen der Alpen. Bald zweigt nach rechts ein gelb markierter Pfad zum Lac du Brévent ab, ein lohnender Abstecher für alle, die dem Locken des schwarzblauen Wasserspiegels in 2127 m Höhe nicht widerstehen können. Ein kurzer, fast ebener Wegabschnitt am flachen W-Rücken — dann an einer beschilderten Wegkreuzung links ab und in Serpentinen südw. hinunter. Durch Buschwerk in den Wald und auf gepflegten Wegen, zuletzt über kurze Straßenabschnitte, zur Talstation.

**Schwierigkeit:** Bei Seilbahnauffahrt bis Plan Praz bequeme Tagestour, sonst mäßig anstrengende Tagestour auf durchwegs markierten, leichten Wanderwegen.

**Gehzeiten:** Talstation — Plan Praz 2½—3 Std.; Plan Praz — Bré-

*Der Gipfelaufbau des Brévent.*

vent 1¾ Std.; Abstiege: Brévent — Chamonix 2¾ Std.; Brévent — Plan Praz 1¼ Std.
**Stützpunkte:** Restaurant Hotel Plan Praz, 1995 m; einfacher Kiosk am Gipfel.
**Höhenunterschiede:** Chamonix — Plan Praz etwa 1480 m; Plan Praz — Brévent 531 m.

### ● 8 Mont Corbeau, 2334 m, und Gîte à Balmat, 2589 m

Der Felsriegel zwischen Glacier des Bossons und Glacier de Taconnaz bietet jedem etwas: Am Anfang die künstlichen Eisgrotten, eine ausgesprochene Touristenattraktion; in der Mitte das urgemütliche Chalet des Pyramides mit seinem herrlichen Gletscherblick; und am Endpunkt der Wanderung steht man vor den geradezu endlos scheinenden Firn- und Gletscherfeldern, die hier bis zum Gipfel des Montblanc reichen. Die Bezeichnung Gîte à Balmat erinnert an das Biwak des Erstbesteigers Balmat, der hier am 8. 8. 1786, zusammen mit Dr. Paccard, zum erfolgreichen Gipfelsturm aufbrach.

### ● 9 Von Les Houches

Bei Sessellift-Auffahrt tagfüllende, einfache Bergwanderung, bez., Restaurant am Chalet des Pyramides, 1895 m. 3 Std. Bei Nebel oberhalb des Mont Corbeau genauestens auf Markierung achten.

Von Les Houches zur „Télésiège des Glaciers des Bossons", 1049 m, erste Fahrt 9.30 Uhr. Mit Doppelsessellift Auffahrt zur Bergstation (1400 m). Wenn man Zeit hat, sollte man sich die „Grotte de Glace de Montblanc" (Eintritt 2 F) nicht entgehen lassen: Ein gesicherter Weg führt in 5 Min. hinab zum Glacier des Bossons — zweimal in der Saison muß ein neuer Stollen ins Eis gehauen werden.
Vom Eingangskiosk führt der Hüttenweg in gleichmäßig steigenden Serpentinen zunächst durch dichten Wald; nur gelegentlich werden durch die Wipfel Ausblicke auf die Gletscher zu beiden Seiten frei. Ein letztes flaches, freies Wegstück in der O-Flanke und das „Chalet des Pyramides", 1895 m, ist erreicht. Die Hüttenrast wird Unentwegte auch hier noch einmal zum 10minütigen Abstieg ins Gletschereis verlocken; ein sehr schmaler, steiler und schlecht erhaltener Pfad macht's immerhin möglich.

*Blick auf das Spaltengewirr des Bossons-Gletschers.*

Von der Hütte schraubt sich der Weg nun sehr steil in engen Kehren durch die O-Flanke empor, wechselt dann auf die W-Seite; der Blick wird vom Glacier de Taconnaz gebannt. Vorbei an einer häßlichen Seilbahn-Stütze verläuft der Pfad dann unmittelbar am schmal gewordenen Grat mit Blick auf beide Gletscherströme. Hinter einem schmalen Gratbuckel wenige Schritte abwärts; hier am Fuße des Mont Corbeau liegt die Wegabzweigung in die W-Flanke, Vorgeschmack auf den Rückweg. Der Pfad umgeht nun den eigentlichen Gipfelaufbau des Mont Corbeau in flachem Linksbogen, erreicht bald wieder den Grat und strebt nun in Kehren mitten durch den breiten Geröllrücken empor bis ans Ziel: La Jonction, ein Felsriegel, der das Eismeer in die beiden Gletscherströme des Bossons und de Taconnaz teilt.

● **9 A** **Abstieg**
2—2½ Std.

Wie R 9 in umgekehrter Richtung. Der Mont Corbeau kann am Rückweg über den Süd-Rücken mühelos in 10—15 Min. „mitgenommen“ werden (I).

● **10 A** **Abstieg durch die Montagne de la Côte**
Nur bei guter Sicht zu empfehlen, bez., wenig begangen.
2—2½ Std.

Durch die Montagne de la Côte führt ein steilerer, weitgehend unbegangener, aber landschaftlich faszinierender Abstieg, durch den sich die Tour zu einem abwechslungsreichen Rundweg gestalten läßt. Unterhalb des Mont Corbeau folgt man — ohne Gegenanstieg — der gut bez. Abzweigung westw. und steigt nun steil hinab in das Hochtal, von großartigen Einblicken in den Glacier de Taconnaz begleitet. Nach der grandiosen Landschaft am Gletscherfuß quert man nun eine unübersichtliche Strauchzone, bevor man vom Hochwald aufgenommen wird. Bei den Wegverzweigungen muß man sich rechts halten und gelangt so schließlich wieder zum Aufstiegsweg zurück.
**Schwierigkeit:** Tagfüllende Bergwanderung, bei Nebel oberhalb des Mont Corbeau auf die gute Markierung achten!
**Gehzeiten:** Sessellift-Bergstation — Les Pyramides 1 Std. 10 Min.; Sessellift-Bergstation — La Jonction 3 Std.; Abstieg ins Tal 2—2½ Std.
**Stützpunkt:** Chalet des Pyramides, 1895 m, bewirtschaftet.
**Höhenunterschiede:** Sesselliftstrecke etwa 400 m; Sessellift-Bergstation — La Jonction 1190 m.

**● 11 Henry-Vallot-Weg** (Plan de l'Aiguille), 2309 m

Der Weg vom Plan de l'Aiguille zum „Gare du Montenvers", benannt nach dem Ingenieur und Topographen Henry Vallot (1853 bis 1922), bietet bei einem Maximum an möglichen Bequemlichkeiten — An- und Abfahrt — eine relativ kurze, aber überaus aussichtsreiche Wanderung in über 2000 m Höhe. Der Fernblick über das Tal von Chamonix auf die Kette der Aiguilles Rouges und stetige Einblicke in das Gipfelgewirr zwischen Aiguille du Midi und Aiguille de l'M begleiten den Wanderer auf dem gesamten Weg. Der Lac du Plan de l'Aiguille und der Kulminationspunkt des Weges oberhalb Montenvers setzen landschaftlich einmalige Akzente an den Ausgangs- und Endpunkt dieser genußreichen Bergpromenade.

**● 12 Von Chamonix**

Bei Seilbahnauffahrt und Talfahrt mit Bahn einfache bequeme Tagesunternehmung, gut bez., Restaurant am Plan de l'Aiguille und am Gare du Montenvers.

In Chamonix zur Talstation der Téléphérique de l'Aiguille du Midi, 1036 m; erste Fahrt: Mai, Juni, September: 8 Uhr; Juli, August: 6 und 7 Uhr. Seilbahnauffahrt zum Plan de l'Aiguille, 2309 m, empfehlenswert (zu Fuß 3¼—3½ Std.). Vor Beginn der Wanderung sollte man in jedem Falle den wildromantisch in einer Felswanne eingelagerten Lac du Plan de l'Aiguille, 2299 m, besuchen, von wo sich einer der fotogensten Blicke auf das Montblancmassiv auftut. Der Henry-Vallot-Weg selbst führt von der Mittelstation zunächst in weitem Bogen in eine flache Schlucht auf etwa 2200 m hinab und zieht in landschaftlich außerordentlich reizvoller Wegführung leicht abwärts. Mehrere Bachläufe querend, erreicht man schließlich, etwa zu Füßen der Aiguille de l'M, den tiefsten Punkt bei etwa 2100 m. Am nördl. Ausläufer der Frêtes des Charmoz, 2071 m, gabelt sich der Weg in zwei „Varianten". Die höher angelegte überquert den nördl. auslaufenden Bergrücken. Ein riesiger Steinmann markiert die höchste Wegstelle; geht man ein wenig nach rechts vom Wege ab, so öffnet sich bei einer Reihe kleinerer Steindauben der wohl schönste und immer noch einsame Ausblick auf das Mer de Glace. In Serpentinen hinab, und bald ist man mitten im Trubel des „Bahnhofes", 1914 m. Die kurze Wanderung bietet die beste Gelegenheit, Sehenswürdigkeiten und Attraktionen rund um diesen Touristenschwerpunkt zu besichtigen: Grotte de la Mer de Glace (zu Fuß oder mit kleiner Seilbahn), kleines Museum (Erschließungsgeschichte), alpiner Zoo (echten Tierfreunden ist vom Besuch abzuraten).

Wer den Henry-Vallot-Weg in umgekehrter Richtung gehen will, hat etwas längere Gehzeiten. Man beachte die Abfahrtszeiten der Zahnradbahn am Gare de Chamonix (erste Fahrt 7.30 Uhr, vom 1. bis 20. August 6.30 Uhr).

**● 12 A Abstieg**

Talfahrt mit der Zahnradbahn zum Gare de Chamonix (am Gare du Montenvers u.U. längere Wartezeiten für die Talfahrt).

**Schwierigkeit:** Leichte, kurze Bergwanderung, bei An- und Abfahrt per Bahn Halbtagestour.
**Gehzeiten:** Chamonix — Plan de l'Aiguille zu Fuß $3^1/_4$ Std. (Abstieg $2^1/_2$ Std.); Chamonix — Gare du Montenvers zu Fuß $2^1/_2$ Std. (Abstieg $1^3/_4$ Std.); Plan de l'Aiguille — Montenvers $2^1/_2$ Std. (umgekehrt etwas länger).
**Stützpunkte:** Restaurants am Plan de l'Aiguille und am Gare du Montenvers.
**Höhenunterschiede:** Chamonix — Plan de l'Aiguille 1273 m; Chamonix — Gare du Montenvers 872 m; Plan de l'Aiguille — Montenvers 395 m (Gegenanstiege!).

## ● 13 Aiguille de l'M, 2844 m

Dieser Doppelgipfel wird von Kletterern häufig als Eingehtour für schwierige Aiguilles-Bergfahrten oder — bei weniger gutem Wetter — in Verbindung mit der Aiguille des Petits Charmoz besucht; er gehört auch zum festen Kletterprogramm der „Ecole d'Alpinisme" in Chamonix. Die charakteristische Gipfelgestalt dieses westl. Eckpfeilers der Aiguilles-Kette kann wegen ihres leichten Anstieges bis zur Brèche de l'M — 70 m unter dem Hauptgipfel — als sehr lohnendes Tagesziel auch Nichtkletterern empfohlen werden. Die kurzen, sehr ansprechenden Klettereien auf die beiden Gipfel (Hauptgipfel, 2844 m, III; Pointe Albert oder SW-Gipfel, 2816 m, II) sind auch Geübten nur mit Seilsicherung anzuraten.

**● 14 Von Chamonix**

Gipfelaufstieg Kletterei (III, II), beliebte Eingehtour für Kletterer. Zugang nicht bez., aber bei guter Sicht problemlos. Restaurant am Plan de l'Aiguille. Bei Seilbahnauffahrt 2—$2^1/_2$ Std.

*Auf dem Henry-Vallot-Weg von Montenvers zur Mittelstation der Seilbahn auf die Aiguille du Midi (Plan de l'Aiguille) bietet sich die Aiguille du Dru, einer der schönsten Alpenberge, in einmaliger Eleganz dar.*

Von Chamonix zur Talstation der Téléphérique de l'Aiguille du Midi, 1036 m. Erste Fahrt: Mai, Juni, September: 8 Uhr; Juli, August: 6 und 7 Uhr. Seilbahnauffahrt zum Plan de l'Aiguille, 2309 m, empfehlenswert (zu Fuß 3¼—3½ Std.). Am Beginn des Aufstieges steht das Erlebnis des Lac du Plan de l'Aiguille, 2299 m (vgl. R 11). Von hier auf unmarkierten Pfadspuren stets leicht steigend westw. weiter, über Blockwerk und Moränenwälle des Glacier de Blaitière hinweg, von 2400 m auf 2500 m. Auf deutlich ausgeprägten Pfadspuren bis auf die westl., ebenmäßige Randmoräne des Glacier des Nantillons empor (2525 m); von hier herrlicher Blick auf den Gesamten Gipfelaufbau. Auf ausgetretener Spur über die flache, spaltenarme Mittelpartie des Gletschers hinüber zum Beginn der steilen Rinne, die von der Brèche de l'M bis auf den Gletscher herabzieht. Mehrere Leitern führen über glatte, fast senkrechte Felsplatten nördl. dieser Rinne nach Art eines gut gesicherten Klettersteiges empor, so daß der völlig brüchige und sehr steinschlaggefährdete unterste Teil der Rinne vermieden werden kann. Ein schmaler Steig quert bis in die Mitte der Rinne, hier über gut gangbares Blockwerk gerade empor bis zum tiefen Sattel zwischen den beiden Gipfeln (Brèche de l'M, 2774 m). Von hier auf den SW-Gipfel (Pointe Albert) 42 Höhenmeter, II, auf den Hauptgipfel 70 Höhenmeter, II, eine Stelle III.

**● 15 Normalweg auf den Hauptgipfel der Aiguille de l'M**

Der Normalweg auf den Hauptgipfel mit Abstieg über dessen SW-Grat geht vom Col de la Bûche, 2785 m, der südl. Einsattelung unter dem Hauptgipfel, aus. Abstieg über den SW-Grat: III, ½ Std.

Vom Col de la Bûche entlang der S-Wand zuerst nordwestl., dann nordöstl. (rechts), bis man eine von einer Platte gebildete Felsspalte erreicht. Nach diesem Felsdurchschlupf werden leichte Felsstufen und große Blöcke erklettert, indem man sich leicht links hält und, parallel mit dem NO-Grat, erst in der Nähe des Gipfels den Grat selbst betritt. Nun in einigen Min. zum Gipfel. Vom Gipfel wird südwestl. der Grat verfolgt. Der erste Gendarm wird überschritten. Nun über den fast ebenen Grat bis zu einem kleinen, wandartigen und rißdurchzogenen Absatz (III).

**● 15 A Abstiege von der Brèche de l'M**

½ Std.

Entweder wie Aufstieg R 14 in umgekehrter Richtung oder weglose Abstiege zum Henry-Vallot-Weg (R 16 A und R 17 A).

*Die Aiguille de l'M von der Endmoräne des Glacier des Nantillons.*

**• 16 A Variante zu R 15 A**

Von der westl. Randmoräne des Glacier des Nantillons halblinks auf Steigspuren hinab zu einem kleinen Schmelzwassersee und von hier auf undeutlichen Spuren hinab zum Henry-Vallot-Weg.

**• 17 A Variante zu R 15 A**

Östl. des Glacier des Nantillons, am W-Abhang der Crêtes des Charmoz auf Steigspuren zum Henry-Vallot-Weg.

**Schwierigkeit:** Bis zur Brèche de l'M unschwieriges Gehgelände, Orientierungsvermögen für den Weg bis zum Einstieg und Schwindelfreiheit für die Klettersteigpassage erforderlich. Die Routen zu beiden Gipfeln sind ausgesprochene Kletterei (II und III).

**Gehzeiten:** Chamonix — Plan de l'Aiguille zu Fuß 3¼—3½ Std. (Abstieg 2½ Std.); Chamonix — Gare de Montenvers zu Fuß 2½ Std. (Abstieg 1¾ Std.); Plan de l'Aiguille — Brèche de l'M 1½ Std.; von hier zum SW-Gipfel 20 Min., zum Hauptgipfel 45 Min.

**Stützpunkte:** Restaurants am Plan de l'Aiguille und am Gare de Montenvers.

**Höhenunterschiede:** Chamonix — Plan de l'Aiguille 1273 m; Chamonix — Gare de Montenvers 872 m; Plan de l'Aiguille — Brèche de l'M 465 m, von hier zum SW-Gipfel 42 m, zum Hauptgipfel 70 m.

## • 18 Lac Blanc, 2352 m, und Aiguille du Belvédère, 2965 m

Der Weg von der Bergstation l'Index zum Lac Blanc gilt als der genußvollste Wegabschnitt im gesamten Massif des Aiguilles Rouges, der Lac Blanc als der stimmungsvollste Bergsee dieser Kette. Sicher ist, daß dieses vielbegangene Wanderziel bei guter Sicht jeden begeistert. Anspruchsvollere werden bei schönem Wetter in jedem Fall die Aiguille du Belvédère besteigen und sich beim Aufstieg über die ausgedehnten Schneefelder der S-Seite die letzte Großstadt-Blässe aus dem Gesicht brennen lassen.

**• 19 Von Les Praz de Chamonix**

Bei Seilbahnauffahrt leichte, bequeme Bergwanderung, bez., Restaurant am Lac Blanc. 1¼ Std. Bei jedem Wetter. Aufstieg zur Aiguille du Belvédère s. R 20; bei Schlechtwetter abzuraten.

*Am Lac Blanc; im Hintergrund die Aiguille Rouges.*

Von Les Praz de Chamonix zur Talstation der Seilbahn zur Montagne de La Flégère, 1062 m; erste Fahrt 8 Uhr. Mit der Seilbahn zur Mittelstation La Flégère, 1877 m; von hier mit der Zweipersonengondel bis zur Bergstation, 2385 m. Der gut markierte Weg beginnt unmittelbar an der Bergstation und führt leicht absteigend in interessanter Wegführung über Fels und Schneefelder zu einem nach S auslaufenden Felssporn hinab. In leichtem Bogen wieder ansteigend, gelangt man zur Wegkreuzung mit dem Abstiegsweg und bald darauf zum See mit Restaurant. Der gesamte Weg wird von einzigartigen Fernblicken auf die östl. Hälfte des Montblancmassivs begleitet.

**• 20 Aufstieg zur Aiguille du Belvédère**

Nur für Geübte, nicht bez., jedoch sehr gute Spuren, viel begangen, eine kurze Stelle II. Bei Nebel Orientierungssinn erforderlich. Vom Lac Blanc 2 Std.

Westl. an den beiden Seen vorbei und, stets den Spuren im Schnee folgend, das westl. Schneefeld bis an den Felsfuß empor (Col des Dards, 2790 m). Nun zeigt eine deutlich ausgeprägte Steigspur den Beginn des Einstiegs in den W-Grat an. Stets dem Gratverlauf ostw. folgend, immer etwas luftiger, jedoch stets unschwierig, bis zur „Schlüsselstelle", einem etwa 10 m hohen, fast senkrechten, doch nur mäßig ausgesetzten Kamin (II). Nach diesem unschwierig über den Grat weiter, der bald nordw. verläuft. Eine deutlich ausgeprägte Spur in der S-Wand des obersten Gipfelaufbaus leitet nun auf breitem, fast flachem Band bequem um die S-Seite des Gipfels herum bis zum O-Grat (hier Abzweigung des Anstiegs von der NO-Seite). An der N-Seite des O-Grates unschwierig über Fels und Geröll bis zum Gipfelgrat und über eine harmlose Wächte bis zum Gipfelsteinmann.

**• 21 A Abstieg von der Aiguille du Belvédère zum Lac Blanc**

Wie R 20 in umgekehrter Richtung; 1½ Std. Variante s. R 22 A.

Von der Einstiegsstelle in den Felsaufbau der Aiguille du Belvédère können Unentwegte in den westl. aufsteigenden Felszacken der Aiguilles Crochues je nach Lust und Können kleinere, jedoch sehr reizvolle Klettereien im leichten Fels unternehmen.

**• 22 A Eine sehr einsame Abstiegsvariante**

Diese Abstiegsvariante von der Aiguille du Belvédère zum Lac Blanc zweigt etwa 10 Min. unterm Gipfel ostw. ab. An der schon beim Aufstieg kenntlichen Abzweigung durch Fels und Geröll steil in der N-Flanke abwärts und durch das schneegefüllte Kar vor dem SW-Abhang der Aiguille de la Tête Plate hinab zum See.

### • 23 A Abstieg vom Lac Blanc zur Mittelstation La Flégère
Leicht, bez., 1 Std.

Vom Lac Blanc empfiehlt sich der Abstieg über den gutmarkierten, mäßig steilen Weg zur Mittelstation La Flégère, von dem aus — ausnahmsweise — der restliche Abstieg ins Tal mit der Seilbahn zu empfehlen ist. Der Fußweg, zum Teil durch Wald, größtenteils über eine planierte Piste, ist wenig reizvoll, langen Wartezeiten bei der Mittelstation aber allemal vorzuziehen.

**Schwierigkeit:** Wanderung von der Bergstation zum Lac Blanc und Abstieg von dort zur Mittelstation leichte Bergwanderung auf guten und hervorragend markierten Wegen. Aufstieg durch die Schneefelder bis zum Col des Dards bei gutem Wetter auch für Ungeübte unproblematisch. Weiterer unmarkierter Aufstieg zur Aiguille du Belvédère nur für Geübte; Orientierungsvermögen und etwas Schwindelfreiheit erforderlich, eine Stelle II.

**Gehzeiten:** Bergstation L'Index — Lac Blanc 1¼ Std. (auch im Rückweg); Lac Blanc — Aiguille du Belvédère 2 Std.

**Abstiege:** Lac Blanc-Mittelstation 1 Std.; Mittelstation — Talstation 1 Std.; Lac Blanc — Col des Montets 2 Std.

**Stützpunkt:** Restaurant Hotel du Lac Blanc, 2352 m.

**Höhenunterschiede:** Talstation — Mittelstation 815 m; Mittelstation — Bergstation 508 m; Bergstation — La Blanc 33 m; Lac Blanc — Aiguille du Belvédère 613 m.

### • 24 **Lac Cornu,** 2276 m, **Les Lacs Noirs,** 2494 m, **Aiguille Pourrie,** 2562m, **Aiguille de Charlanon**, 2552 m

Wer den Zauber des Lac Blanc erlebt hat, wird wohl kaum den Lockungen dieser fast noch romantischeren und ebenso mühelosen Bergsee-Erlebnisse widerstehen können. Beide Seen liegen, dem Tal von Chamonix abgewandt, in der N-Flanke der Kette der Aiguilles Rouges. Vom Col du Lac Cornu öffnet sich der Blick nordw., die Felsbarriere der Montagne d'Anterne bleibt beherrschendes Fernmotiv einer bis in den Hochsommer oft arktischen Eissee-Szenerie. Wer die unschwierige Aiguille le Pourrie besteigt, hat schon einen unvergleichlichen Blick auf den „Sichelförmigen See"; Geübte können die schwierigere Aiguille de Charlanon besteigen, von deren Gipfel man reizvolle Blicke auf viele kleine Schmelzwasserbecken in der granitenen Felsenlandschaft genießt.

**• 25 Von Chamonix**

Bei Seilbahnauffahrt Lac Cornu und Lacs Noirs einfache bequeme Bergwanderung, auch bei Schlechtwetter. Restaurant am Plan Praz. 1—1¼ Std.

Von Chamonix zur Talstation der Téléphérique du Brévent, 1100 m; erste Fahrt 8 Uhr (Juli und August 7 Uhr). Seilbahnauffahrt zum Plan Praz, 1995 m, empfehlenswert (zu Fuß etwa 2½—3 Std. auf Serpentinenwegen durch Wald und Latschengelände). Von der Mittelstation laut Hinweisschild halbrechts empor, in der S-Flanke des Kammes schräg aufwärts und auf gut markiertem Weg mäßig steil weiter. An einer schmalen Einsattelung wird der nach S auslaufende, schrofige Sporn gequert. In Kehren weiter durch die S-Flanke empor bis zum flachen Sattel im breiten Gratrücken; der Col du Lac Cornu, 2406 m, mit Blick auf den See, ist erreicht. Von hier s. R 26.

**• 26 Vom Col du Lac Cornu zum Lac Cornu**

Leicht, bez., 20 Min.

Vom Col du Lac Cornu bergab bis zum Lac Cornu, schöne Schnee-Rutschpartie für Könner, Weg rot markiert, beschilderte Abzweigung.

**• 27 Vom Lac Cornu zu den Lacs Noirs**

Einfach, bez. und beschildert, ½ Std.

Der Pfad führt zunächst in der N-Flanke der Aiguille Pourrie, überquert in einer Einsattelung den breiten Gratrücken und läuft dann nordw. unmittelbar auf den oberen der beiden Seen zu; vom Pfad und von den östl. Felsen des Seebeckens immer wieder herrliche Tiefblicke auf den Lac Cornu.

**• 28 Von den Lacs Noirs auf die Aiguille Pourrie**

Nicht bez., gute Pfadspur, einfach, 10—15 Min.

Von den Lacs Noirs wendet man sich nordostw. zu einer gut sichtbaren Pfadspur mit Steindauben, die unschwierig auf die Aiguille Pourrie führt.

**• 29 Vom Lac Cornu auf die Aiguille de Charlanon**

Nicht bez., weglos, nur für Geübte; stellenweise I—II. Orientierungssinn erforderlich. ½—¾ Std.

Vom Lac Cornu westw. auf den weglosen, zerklüfteten Grat, am besten in der N-Flanke. Über die Randklüfte einiger steiler Schneefelder in eine schottrige Rinne und an einer leichteren Stelle über den

Felsansatz des Gipfelaufbaus. Nun weiter weglos über Schrofen zu den Gipfelblöcken.

**● 30 A Abstiege vom Lac Cornu**
¾ Std.

Wie R 25 in umgekehrter Richtung, ins Tal am besten wieder mit der Seilbahn.

**● 31 A Abstieg vom Col du Lac Cornu nach Chamonix**
Nur bei guter Sicht für Geübte, luftig, Orientierungssinn erforderlich, bei Nebel abzuraten, z. T. nicht bez., 2—2½ Std.

Vom Col du Lac Cornu führt ein etwas anspruchsvollerer Weg zunächst *unmarkiert* auf dem steilen, sehr luftigen S-Sporn des Grates — teilweise über senkrechte Felspartien hinweg — südw. hinab (Vorsicht bei Nässe!). Nach etwa ¾ Std. steiler Kehren ist die Almzone der Montagne de Charlanon erreicht (Chalets de Charlanon, 1812 m); der Verbindungsweg La Flégère — Plan Praz wird überquert (hier Möglichkeit zum Abstieg zur Mittelstation La Flégère oder Aufstieg zur Mittelstation Plan Praz). Abwärts zum Waldrand und auf bequemem Waldweg bis zur ersten *unbeschilderten* Wegkreuzung. Hier empfiehlt sich der schmale Pfad nach *rechts* (westw.), der fast waagrecht, sehr schmal und in außergewöhnlich romantischer Wegführung durch eine Schlucht und schließlich wieder auf den breiten „Petit Balcon" führt. Von hier zurück zum Ausgangspunkt.
**Schwierigkeit:** Lac Cornu und Lacs Noirs einfache bequeme Bergwanderung, markierte Wege (auch bei Schlechtwetter); Aiguille Pourrie unschwierig, Aiguille de Charlanon nur für Geübtere (weglos, stellenweise I u. II, Orientierungssinn erforderlich). Abstieg über Montagne de Charlanon etwas anspruchsvoller, luftig; nicht für Anfänger und Ungeübte!
**Gehzeiten:** Talstation — Plan Praz 2½—3 Std.; Plan Praz — Col du Lac Cornu 1—1¼ Std. (Abstieg ¾ Std.); vom Col du Lac Cornu zum Lac Cornu 20 Min.; zu den Lacs Noirs etwa 30 Min.; zur Aiguille Pourrie 10—15 Min.; zur Aiguille de Charlanon etwa 30—45 Min.; Col du Lac Cornu — Chalets de Charlanon ¾ Std.; Col du Lac Cornu — Chamonix 2 Std.
**Stützpunkte:** Hotel Plan Praz, 1995 m; gegebenenfalls Hotel La Flégère, 1877 m.
**Höhenunterschiede:** Chamonix — Plan Praz etwa 1480 m; Plan Praz — Col du Lac Cornu 411 m; Col du Lac Cornu — Lac Cornu

130 m (bergab); Col du Lac Cornu — Lacs Noirs 88 m; Col du Lac Cornu — Aiguille Pourrie 156 m; Col du Lac Cornu — Aiguille de Charlanon 146 m.

## • 32 Aiguille des Grands Montets, 3297 m

Der Fußmarsch auf den durch eine Seilbahn erschlossenen Gipfel läßt den Bergsteiger ausgiebig die Wunder des Glacier d'Argentière erleben: Die Wegstrecken um den beliebten „Point de vue" bieten hervorragende Einblicke in einen der wildesten und gefährlichsten Gletscherbrüche, die Beschaulichkeit der gemütlichen Wanderung am Gletscherrand in Richtung Refuge d'Argentière weicht nach kurzem Felsenanstieg dem Reiz eines Gletscherweges. Der mögliche Auf- oder Abstieg über die O-Seite bietet Geübten ein echtes Felsenabenteuer.

## • 33 Von Argentière

Bei Seilbahnauffahrt zunächst einfacher Spaziergang, dann schwieriger; Gletscheraufstieg zuletzt Hochgebirgstour, nur in Begleitung und angeseilt. Restaurant an der Mittelstation und am Gipfel. 4—5 Std.

Von Argentière (Les Chosalets) zur Téléphérique Argentière — Lognan, 1235 m, erste Fahrt 7.30 Uhr. Seilbahnauffahrt zur Mittelstation Croix de Lognan, 1975 m, empfehlenswert. Links auf die bequeme Fahrstraße, welche bis zum letzten der beiden Stollen führt, wo sich bereits ein einzigartiger Blick auf die Eisbrüche des Glacier d'Argentière auftut. Von hier steigt ein bequemer, markierter Weg in etwa 20 Min. auf den Scheitel der gewaltigen westl. Randmoräne bis zum „Point de vue", 2338 m, empor; die sich von dieser Wegstrecke bietenden Einblicke in den Gletscherbruch gehören zu den eindrucksvollsten dieser Art. Nun einige Schritte hinab und am Gletscherrand auf Eis bzw. Restschnee bequem weiter abwärts. Eine kleine Felsbarriere wird mit Trittstiften und einer dicken Kette überstiegen. Eine kurze Eisenleiter führt nochmals hinauf auf den westl. Rand der felsigen Gletscherwanne. Dieser letzte, stimmungsvolle Felsgang zu Füßen der „Moraine des Rognons" ist noch hervorragend markiert. Kurz bevor der Weg endgültig auf den Gletscher absteigt, zweigen schwach kenntliche Trittspuren mit Resten ehemaliger Markierung auf den Scheitel des Moränenkammes ab, der den Glacier des Rognons in seinem untersten Teil aufspaltet. Über Blockwerk empor bis 2754 m Höhe; hier beginnt das Eis, der weitere Aufstieg ist wegen der Spaltengefahr des firnbedeckten Gletschers nur angeseilt anzuraten.

● 34 A **Abstieg**
3—4 Std.

Wie R 33 in umgekehrter Richtung.

● 35 A **Abstieg mit Seilbahn**
Mit der 2. Sektion der Seilbahn problemlos ins Tal zurück.

● 36 A **Abstieg über die Felsen zur „Télécabine de la Pendant"**
Kletterei (III, II), nur für Geübte mit Kletterfertigkeit, Orientierungsvermögen, Schwindelfreiheit und ggf. mit Abseilmanövern. 3½—4½ Std.

Vom Gipfel der Aiguille des Grand Montets über die Firnfelder am Scheitel zwischen Glacier des Grands Montets in die Felsen und mit mäßig schwieriger Kletterei bis zur Bergstation der „Télécabine de la Pendant"; weiterer Abstieg wie R 41 in umgekehrter Richtung.

**Schwierigkeit:** Aufstieg bis zum „Point de vue" beschaulicher Spaziergang, weiterer Anstieg bis zum Beginn des Gletschers für etwas Geübtere ebenfalls unschwierig und lohnend. Gletscherstrecke nur in Gruppen, angeseilt. Abstieg R 36 A nur für Geübte mit Kletterfertigkeit, Orientierungsvermögen und Schwindelfreiheit.

**Gehzeiten:** Talstation — Croix de Lognan im Aufstieg 2—2½ Std. (Abstieg 1 Std.); Croix de Lognan — Point de vue 1 Std.; Point de vue — Aiguille des Grands Montets 3—4 Std.

**Stützpunkte:** Restaurant an der Mittelstation Croix de Lognan sowie an der Gipfelstation.

**Höhenunterschiede:** Talstation — Croix de Lognan 740 m; Croix de Lognan — Aiguille des Grands Montets 1322 m.

## ● 37 Croix de Lognan — Mauvais Pas — Montenvers

Die Wanderung von dem Montagne de Lognan durch den herrlichen Waldgürtel über den Mauvais Pas überrascht mit einem grandiosen Blick auf die Aiguilles und das Mer de Glace. Der Abstieg zum Gletschertor verspricht eine Fülle teils stimmungsvoller, teils urweltlich-chaotischer Bilder. Der weglose, anfänglich auch

*Der Glacier d'Argentière vom Fuße der Moraine des Rognons.*

hoffnungslos scheinende Aufstieg über das Block- und Schuttgewirr des Gletscherabbruchs läßt verkümmerten Spürsinn aufleben und belohnt Unverzagte mit einem einsamen Gletschermarsch bis hin zum Trubel von Montenvers; Konditionsstarke können den Gletschermarsch bis zum Refuge du Couvercle fortsetzen.

**● 38 Von Argentière**

Bei Seilbahnauffahrt ausgefüllte Tagesunternehmung. Bis Chalet du Chapeau leichte Bergwanderung, bez. Von dort bis Montenvers nur für Geübte mit Spürsinn und nur bei guter Sicht; weglos, abenteuerlich. Restaurants am Gare du Montenvers. 3½—4 Std.

Von Argentière (Les Chosalets) zur Téléphérique Argentière — Lognan, 1235 m; erste Fahrt 7.30 Uhr. Seilbahnauffahrt bis zur Mittelstation Croix de Lognan, 1975 m, empfehlenswert. Von hier nach rechts auf den gut markierten, leicht abwärts führenden Fußweg (nicht Fahrweg!) und gleichmäßig leicht bergabwärts durch stimmungsvolle Waldzonen zur verfallenen Alm „Chalets de la Pendant“, 1778 m, die inmitten des weiten, ehemaligen Gletscherbettes liegt.
Bald Wegabzweigung nach Le Lavancher; der Weg beginnt wieder leicht und gleichmäßig anzusteigen und erreicht in 1844 m Höhe den Gratrücken des von der Aiguille à Bochard nach N auslaufenden Sporns — ein märchenhafter Blick auf die Aiguilles und das Mer de Glace tut sich auf. Der Weg fällt nun steil in die W-Flanke dieses Sporns hinab; bald folgt die 5-Min.-Abzweigung zum Chalet du Chapeau. Der Weg nach links wird immer undeutlicher und unwegsamer und verliert sich schließlich in einigen letzten Markierungen (für Aufwärtssteigende) in der wilden, brüchigen Felsschlucht der Mer-de-Glace-Mündung; nur noch vereinzelte Steigspuren führen hinab zum Gletschertor mit dem eisig-grünen Schmelzwassersee. Der weitere Aufstieg ist zunächst völlig unwegsam und führt durch ein urweltliches Chaos von Blöcken, Schotter, sand- und schlickbedeckten Eisrippen. Irgendwie findet man doch hinauf auf den Gletscherscheitel, wo eine Schuttmoräne den besten und bald auch flacheren Weitermarsch ermöglicht (nicht am östl. Erdhang entlanggehen, Steinschlaggefahr aus der Steilwand!). Man erreicht schließlich die von „Sommerfrischlern“ be-

*Blick auf die Aiguilles Rouges von Montenvers.*

völkerte Eisgrotte und kann hier zu Fuß oder mit der Gondel den „Gare du Montenvers" erreichen. Ebenso kann man am westl. Gletscherrand etwas weiter hinaufwandern und dann über den Klettersteig (vgl. R 45) emporsteigen.

**• 39 A Abstieg**

Talfahrt mit der Zahnradbahn vom Gare du Montenvers nach Chamonix; mit Bus zum Ausgangspunkt.

**Schwierigkeit:** Vom Croix de Lognan über die Chalets de la Pendant bis zur Grathöhe (Ausblick) und dann Abstieg über Chalet du Chapeau leichte Bergwanderung.
Abstieg zum Gletscher und Aufstieg nach Montenvers nur für Geübte mit Spürsinn und nur bei guter Sicht!
**Gehzeiten:** Talstation — Croix de Lognan im Aufstieg 2—2½ Std. (Abstieg 1 Std.); Croix de Lognan — Chalet du Chapeau 1½ Std.; Chalet du Chapeau — Montenvers 2—3 Std.
**Stützpunkte:** Restaurants am Bahnhof Montenvers.
**Höhenunterschiede:** Talstation — Croix de Lognan 740 m; Croix de Lognan — Chalet du Chapeau etwa 400 m (bergab!), Chalet du Chapeau — Montenvers etwa 340 m.

**• 40 Aiguille à Bochard,** 2669 m

Der Gipfel ist eine Erhebung im wilden Felsgrat, der von der Aiguille des Grands Montets zwischen Glacier de la Pendant und Glacier des Grands Montets ostw., teilweise sehr steil, abfällt. Die Kletterei von der Bergstation der im Sommer nicht betriebenen Télécabine de la Pendant zum Gipfel ist im ersten Teil unschwierig; der letzte, aufsteigende Teil des Gratrückens hingegen ist streckenweise ausgesprochen luftig. Die Aussicht auf Aiguille Verte und Aiguille du Dru, das Mer de Glace und die Kette der Aiguilles wird in absoluter Einsamkeit genossen.

**• 41 Von Argentière**

Bei Seilbahnauffahrt schwierige Tagestour, weglos, völlig einsam. Bis zur Bergstation der Télécabine de la Pendant (Skilift) steile Bergwanderung auf Pistengelände, bis zum tiefsten Punkt des Grates einfachste Kletterei (I). Von hier bis zum Gipfel mäßig schwierige Kletterei (II), teilweise ausgesetzt. 3—4 Std.

*Aiguille Verte, Pic Sans Nom und Aiguille du Dru (mit Nordwand) von der Aiguille à Bochard.*

Von Argentière (Les Chosalets) zur Téléphérique Argentière — Lognan, 1235 m; erste Fahrt 7.30 Uhr. Seilbahnauffahrt bis zur Mittelstation Croix de Lognan, 1975 m, empfehlenswert. Nach rechts auf den breiten Fahrweg und in weiten Serpentinen — zunächst wohl enttäuschend — bergauf (rote Markierungen). Bald auf die Randmoräne des ehemaligen Gletscherausläufers, die östl. parallel zum Felssporn emporzieht, und von dort stets geradeaus weiter. Am oberen Ende des Felssporns quert die markierte Pfadspur nach rechts hinüber und gibt den Blick auf den Felsgrat mit der Aiguille à Bochard frei. Nun weniger steil leicht westw., zum Teil über mächtige Blöcke zu einem verfallenen Unterstandshaus aus Stahlfertigteil-Elementen. Zur letzten Zwischenstütze und über ein Schneefeld zur Bergstation der Télécabine de la Pendant sind es nun nur noch wenige Schritte, der Blick über den Grat westw. ist frei.
Der erste, leicht fallende Teil des folgenden Felsgrates ist breit und etwas unübersichtlich; im riesigen Blockwerkgefüge muß hin und wieder auf labile Blöcke geachtet werden! Bei Umgehungen steiler Gratzacken bleibt man stets in der O-Flanke. Bei der tiefsten Einsattelung des Grates ist noch ein Abstieg nach O ins Schneekar möglich.
Der folgende Grat verläuft nun schmal und stets luftiger bergauf; kurz vor dem Gipfelzacken wird eine größere Gratumgehung nach W ins grasige Schrofengelände unumgänglich. Vor dem Gipfelsteinmann nochmals ein Ritt auf dem Hosenboden über einen scharfen Gratblock.

### • 42 A Abstieg
2½ Std.

Wie R 41 in umgekehrter Richtung, ins Tal entweder mit der Seilbahn oder zu Fuß (2 Std. länger).

### • 43 A Abstieg über die Chalets de la Pendant
4 Std.

Von der Bergstation der Télécabine de la Pendant völlig weglos bis zu den Chalets de la Pendant, 1778 m, bei der Wegverzweigung rechts hinab nach Le Lavancher.
**Schwierigkeit:** Bis zur Bergstation der Télécabine de la Pendant einfache, etwas unbefriedigende und zum Teil sehr steile Bergwanderung (mit lohnendem Blick über den Grat), bis zur tiefsten Einsattelung unschwierige Kletterei, bis zum Gipfel mäßig schwierige Kletterei, teils ausgesetzt (II).

**Gehzeiten:** Talstation Croix de Lognan im Aufstieg 2—2½ Std. (Abstieg 1 Std.); Croix de Lognan — Bergstation Télécabine de la Pendant 2—2½ Std., von dort zum Gipfel 1—1½ Std.
**Stützpunkt:** Restaurant an der Mittelstation.
**Höhenunterschiede:** Talstation — Croix de Lognan 740 m; Croix de Lognan — Bergstation Télécabine de la Pendant etwa 800 m.

**● 44 Refuge du Couvercle**, 2698 m

Von den zahlreichen Anstiegen zu hochgelegenen Hütten und Biwaks — die teilweise länger und schwieriger sein können als manche Gipfeltour — ist der Weg zum Refuge du Couvercle gewiß einer der landschaftlich schönsten und originellsten. Die beschauliche Überquerung fast des gesamten Mer de Glace, der hervorragend schöne Klettersteig am Felsfuß, dazu die ausgiebigen Einblicke in die S-Seite der Aiguilles, in das Vallée Blanche, den Glacier de Leschaux, den Glacier de Talèfre und die Grandes Jorasses geben dem vielbegangenen Hüttenweg den Reiz großer Gegensätze in grandiosem, hochalpinem Rahmen. Die märchenhaft schöne Lage des großen, massiven und bewirtschafteten Berghauses lassen diese „Hüttentour" wohl als die lohnendste ihrer Art erscheinen.

**● 45 Von Chamonix**

Bei Auffahrt mit der Zahnradbahn tagfüllende Gletscherwanderung mit Felsanstieg über exponierten Klettersteig. Gletscherübergang für Anfänger und Ungeübte nur mit Seilsicherung im Spaltenbereich, nicht bez., Klettersteigpassage ggf. mit Selbstsicherung, nur für Schwindelfreie. Insgesamt nur für Geübte und nur bei gutem Wetter zu empfehlen. Restaurant am Refuge du Couvercle. 3½ Std.

Von Chamonix zum Gare du Chamonix — S.N.C.F., 1042 m, erste Fahrt 7.30 Uhr (1. bis 20. August 6.30 Uhr). Zahnradbahnfahrt zum Gare du Montenvers, 1914 m, empfehlenswert (siehe hier auch R 37). Auf dem oberhalb des Gletschers südw. führenden Weg zunächst leicht absteigen bis zum gesicherten Abstiegsweg auf den Gletscher; auf Leitern und an Stahlseilen hinab aufs Eis. Die folgende Gletscherüberquerung ist zwar stellenweise markiert (zum Teil bemalte Ölfässer), dennoch ist die Wegsuche durch das besonders am Gletscherrand beachtliche System von tiefen Längsspalten nicht immer einfach. Noch bevor sich das Mer de Glace in den Glacier du Tacul (über diesen, südl., in 2½—3 Std. zum Refuge du Requin, 2516 m, am Fuße des Dent du Requin) und den Glacier de

Leschaux zu gabeln beginnt, achte man im unübersichtlichen Gewirr von Furchen, Spalten und Kämmen ganz besonders auf die (hier wieder bessere) Markierung. Die Wegspur führt schließlich, bei 2200 m, an den östl. Felsfuß, wo eine geschickt angelegte Steiganlage aus Leitern, Trittrosten, Eisenstiften und Seilen (Les Egralets) die fast senkrechte Steilstufe der jäh aus dem Gletscherbett emporragenden Tête du Couvercle mühelos überwindet — eine der ganz wenigen Klettersteiganlagen im Montblancgebiet, immerhin 130 m hoch. Nach den luftigen, sehr gut gesicherten Klettersteigstellen führt der Weg ab 2330 m wieder über normale Steige mäßig steigend mit Blick auf Glacier und Séracs de Talèfre und die Grandes Jorasses empor zur Hütte; die unter einem riesigen Felsblock liegende Aluminium-Biwakschachtel des „Club Alpin Française" ist schon von weitem sichtbar.

### ● 46 A Abstieg
3 Std.

Wie R 45 in umgekehrter Richtung.

**Schwierigkeit:** Tagfüllende Bergtour; Gletscherüberquerung für Anfänger und Ungeübte möglichst mit Seilsicherung im Spaltenbereich, in jedem Fall nur bei guter Sicht. Klettersteigpassage Les Egralets erfordert unbedingt ausreichende Schwindelfreiheit (Selbstsicherung mit Klettergürtel möglich). Für Unsichere ist auch der Weg bis zum Klettersteigbeginn lohnend.

**Gehzeiten:** Montenvers — Refuge du Couvercle 3½ Std.; Abstieg 2¼ Std.; Montenvers — Les Egralets 2¼ Std.

**Stützpunkte:** Restaurants am Gare du Montenvers, 1909 m; Refuge du Couvercle, 2698 m.

**Höhenunterschiede:** Chamonix — Gare du Montenvers 872 m; Montenvers — Les Egralets etwa 290 m (Gegenanstieg am l'Angle); Les Egralets (Klettersteig) etwa 130 m; Montenvers — Refuge du Couvercle insgesamt 784 m (Gegenanstieg).

### ● 47 Refuge Albert I, 2702 m, und Aiguille du Génépi, 3265 m

Das große Schutzhaus thront über dem nördlichsten der großen Gletscher des Montblancmassivs; die Ausblicke auf die Gletscherbrüche, Firnfelder und den schon etwas fernen Montblancgipfel, die einladende Wegführung und die gastliche Hütte machen diese Tour für alpinistisch Genügsamere zum idealen Tagesziel. Kletterfreudige, die auch unmarkiertes Gelände nicht scheuen, haben an den Felsgraten der Aiguille du Génépi ein reiches Betätigungsfeld.

Auf dem Anstieg zur Couvercle-Hütte. Den Hintergrund bildet die nördliche Umrahmung des Glacier de Talèfre.

Für Hochtouristen ist die Hütte Ausgangspunkt lohnender Überquerungen und Gipfelbesteigungen.

**● 48 Von Le Tour**

Bei Seilbahnauffahrt Aufstieg bis zum Refuge Albert I bequeme, einfache Bergwanderung, bez., auch bei Schlechtwetter. 2½ Std. (zu Fuß 2½ Std. länger). Weitere Anstiege völlig weglos, I u. II, bei Schlechtwetter abzuraten. Zusätzlicher Zeitaufwand 2 Std.

Von Le Tour zur Talstation der Télécabine du Col de Balme, 1470 m; erste Fahrt 8 Uhr. Seilbahnauffahrt über Mittelstation Charamillon, 1850 m, bis Bergstation Col de Balme, 2190 m, empfehlenswert. Von hier läuft der gepflegte, gut markierte Weg in sehr angenehmer Steigung südw. empor; ein kleiner Abstecher führt zum Lac de Charamillon, 2271 m. Nun um die in viele Sporne aufgegabelten N-Ausläufer der Pointes des Grands herum. Bei jeder Wegbiegung wird der Ausblick auf den Glacier du Tour grandioser. Ein fast ebener Wegabschnitt in der W-Flanke leitet bis auf die Randmoräne des Gletschers; hier gerade in der Fallinie empor bis zum großen Schutzhaus, 2702 m.

**● 49 Aiguille du Génépi**

Vom Pfad, der auf das riesige Firnfeld des Glacier du Tour (zum Col du Tour) führt, zweigt man unmittelbar am Beginn des Firnfeldes links ab und geht weglos etwa 15—20 Min. am Gletscherrand aufwärts, bis vom zerklüfteten Gipfelgrat eine große, steile, Y-förmige Schuttrinne sichtbar wird. Mühsam empor bis auf den Grat; man steht plötzlich vor dem Firnfeld des Glacier des Grands. Überraschend unschwierig über den Grat westw. empor bis zum Gipfelsteinmann der Aiguille du Génépi, 3265 m.

**● 50** Wem dieser stolze Dreitausender noch nicht genügt, kann — etwas schwieriger — über den Grat nach kurzer Einsenkung weiter aufwärts klettern, wobei man schwierigen Stellen in der N-Flanke ausweicht; über ein kleines Schneefeld hinab und in Richtung der ostw. aufstrebenden Gipfelzacken das kleine Schuttfeld empor. Stets luftiger und schwieriger auf die letzte Nadel des Grates zu — die letzten Passagen, II u. III, sollte man sich allerdings, falls allein und ungesichert, lieber sparen.

*Aiguille d'Argentière (links) und Aiguille du Chardonnet (rechts) mit dem Glacier du Tour von der Aiguille du Genépi.*

**● 51 A Abstieg**
Bei Seilbahntalfahrt 2 Std. (von der Aiguille du Génépi 3½ Std.)

Wie R 48 (bzw. R 49 und R 50) in umgekehrter Richtung.

**● 52 A Abstieg zu Fuß**
2—3 Std.

Wie beim Aufstieg zurück bis zum Refuge Albert I, dann auf dem Pfad über den Moränenkamm; bei der Abzweigung zum Col de Balme jedoch weiter die Moräne hinab. Von Sturzbächen beiderseits begleitet bis zu einem Stahlbeton-Bauwerk; hier großartiger Einblick auf den Gletscherabbruch und die über die fast senkrechte Felsschwelle herabstürzenden Eismassen. Nun nicht geradeaus weiter bergab, sondern nach rechts auf den markierten Pfad und in den steilen W-Hang hinein, wo der Weg in kühnen, steilen Serpentinen zu Tal führt. Der wilde, doch aussichtsreiche Weg klingt in einem milden Wiesenhang aus; wer Glück hat, kann hier am W-Hang über der Talstation die Flugversuche der Drachenflieger bewundern.
**Schwierigkeit:** Bis zum Refuge Albert I einfache und bequeme Tagestour, markiert, auch bei Schlechtwetter möglich. Kletterei an der Aiguille du Génépi und vor allem im weiteren Gratverlauf nur für Geübte und nur bei guter Sicht.
**Gehzeiten:** Talstation — Bergstation Col de Balme zu Fuß 2½ Std.; Col de Balme — Refuge Albert I 2 Std. (Abstieg 1¼ Std.); Refuge Albert I — Aiguille du Génépi 2 Std.; direkter Abstieg Refuge Albert I — Talstation 2—3 Std.
**Stützpunkte:** Hotel Col de Balme, 2191 m (10 Min. von der Bergstation an der franz.-schweiz. Grenze), baulich sehr herabgekommen, für Übernachtung nicht zu empfehlen; Refuge Albert I, 2702 m, Übernachtung.
**Höhenunterschiede:** Talstation — Bergstation Col de Balme 720 m; Col de Balme — Refuge Albert I 512 m; Refuge Albert I — Aiguille du Génépi 563 m.

**● 53 Refuge d'Argentière,** 2771 m

Die landschaftlich überwältigend schön gelegene moderne Hütte bietet bei Seilbahnauffahrt auf die Aiguille des Grands Montets bei gutem Wetter eine überaus lohnende Tagestour, die sich allerdings größtenteils auf verschneitem Gletscher abspielt und nur in Seilschaft angegangen werden kann. Ein unvergeßliches Erlebnis ist neben dem ausgedehnten, aber unschwierigen Gletschergang der Blick in die vom Sturz des Steinschlages widerhallenden Nordwände der Droites, die als die schwierigste kombinierte Tour der gesamten Westalpen gilt.

**● 54 Von Argentière**

Bei Seilbahnauffahrt bis zur Aiguille des Grand Montets ausgedehnte Gletscherwanderung, nur in Seilschaft mit entsprechender Ausrüstung, nicht bez., jedoch gut gespurt. Restaurant auf der Aiguille des Grands Montets und am Refuge d'Argentière. 2—2½ Std.

Von Argentière (Les Chosalets) zur Téléphérique Argentière — Lognan, 1235 m; erste Fahrt 7.30 Uhr. Die Seilbahnauffahrt zur Aiguille des Grands Montets auf 3297 m Höhe erspart einen kräfteraubenden Anstieg und bietet die Möglichkeit zu einer schönen eintägigen Rundtour, die mit einem genußvollen Abstieg über das problemlose Firnfeld des Glacier des Rognons beginnt. Von der Bergstation der Seilbahn steigt man in wenigen Min. südw. auf den hoch überwächteten Col des Grands Montets, 3233 m. Die hohen Schneewächten werden links, am nördl. Felsfuß, umgangen. Es folgt nun auf guter Spur der genußvolle Abstieg über etwa 600 Höhenmeter auf den hier reichlich flachen Glacier d'Argentière, in dessen Mittellinie die Spur von der Mittelstation zur Hütte angelegt ist.
Man folgt nun dieser Spur bis zum flachen Felsfuß über der Hütte, die in wenigen Min. erreicht wird. Eine genußvolle Mittagsrast auf der Aussichtsterrasse, wenn unter Sonneneinstrahlung Felssturz oder Lawinen die gegenüberliegenden Nordwände der Droites erdröhnen lassen, gehört zu den eindrucksvollsten Erlebnissen auf einer Hütte.

**● 55 A Abstieg**

Gletscherwanderung, nur in Seilschaft mit entsprechender Ausrüstung, nicht bez., jedoch gut gespurt. Bis zur Mittelstation Croix de Lognan 3 Std.

Vom Refuge d'Argentière folgt man der Spur auf der Mittellinie des Gletschers bis zum Felsfuß der Moraine des Rognons, ab hier wie Aufstieg R 33 in umgekehrter Richtung. Talfahrt mit Seilbahn dringend zu empfehlen.
**Schwierigkeit:** Bei guten Verhältnissen leichte, jedoch tagfüllende Gletscherwanderung, nur in Seilschaft mit entsprechender Gletscherausrüstung.

**Gehzeiten:** Bergstation Aiguille des Grands Montets — Refuge d'Argentière etwa 2½ Std. (davon etwa 600 Höhenmeter im Abstieg, etwa 150 m in flachem Aufstieg), Abstieg Refuge d'Argentière — Mittelstation Croix de Lognan etwa 3 Std. Ohne Seilbahnbenützung stramme Zweitagestour!
**Stützpunkte:** Refuge d'Argentière, 2771 m, voll bewirtschaftet, stets ausreichend Lager; Restaurants auf der Berg- und Mittelstation der Seilbahn.
**Höhenunterschiede:** Aiguille des Grands Montets — Glacier d'Argentière etwa 600 m Abstieg, von hier bis zum Refuge d'Argentière etwa 150 m Gegenanstieg. Abstieg vom Refuge d'Argentière zur Mittelstation Croix de Lognan etwa 800 m.

## ● 56 **Le Buet,** 3094 m

Der unauffällige rundliche Gipfelrücken des Buet ragt unmittelbar nördl. der Aiguilles Rouges empor und ist von allen höheren Standorten nördl. des Montblancmassiv gut sichtbar. Der völlig problemlose Dreitausender eignet sich vorzüglich als stramme Eingehtour und bietet vor allem Familien mit Kindern ein sehr attraktives Ziel. Ein anregender Hüttenweg neben rauschendem Wildwasser, eine kurios-romantische, freundliche Hütte, und am Beginn des Weges ein wilder Wasserfall in schauriger Klamm, neben einer Felsenhöhle, sind die besonderen Akzente des reizvollen Anstieges.

### ● 57 Von Le Buet

Ausgedehnte, hochalpine Tagestour, bez., unschwierig; bis zur Hütte bei jedem Wetter, von der Hütte zum Gipfel nur bei ausreichender Sicht. 5—5½ Std.

Ausgangspunkt ist die Ortschaft Le Buet, 1300 m, wenige Kilometer nördl. des Col des Montets (Eisenbahnstation).
Der Weg beginnt etwas oberhalb des Hotels Restaurant Le Buet und führt in wenigen Min. zu den malerischen Alphütten von La Poya, 1337 m. Nach kurzer Steigung erreicht man den bekannten Wasserfall; die über den Fluß zum kleinen Restaurant führende Brücke erschließt die besten Einblicke in das Naturschauspiel (10 Min. steiler Abstieg zum Fuß des Wasserfalls, etwa in Wegmitte interessante natürliche Felsenhöhle, Eintritt überall gratis).
Der folgende Wegabschnitt bis zur Hütte folgt den rauschenden Wassern des Eau de Bérard und steigt gemächlich auf gutem Steig in landschaftlich sehr anregender Wegführung bis zum kuriosen, liebenswürdigen Refuge de la Pierre à Bérard, 1950 m; 2—2¼ Std.

Der weitere Aufstieg führt von der Hütte zunächst geradewegs nach N, in Richtung auf den von hier schon sichtbaren Gipfel, schwenkt aber bald nach W und erklimmt in weiten steilen Serpentinen, teilweise in guten Spuren im Schnee, das etwas flachere Gelände östl. der zwei trotzigen Felsaufbauten. Über weite Schneefelder gelangt man an den weiten, mäßig steilen Gipfelhang; auf einer flachen, meist aperen Schuttrippe zwischen steileren Schneehängen führt der Pfad schließlich auf den westl., niedrigeren Ansatz des breiten, schottrigen Gipfelrückens (winziger verfallener Unterstand aus Felsbrocken). In wenigen Min. erreicht man nun in bequemem Bummelschritt den höchsten Punkt am östl. Ende des Gipfelrückens, der hier jäh und gefährlich abbricht; Vorsicht vor Wächten! Am Gipfelsteinmann bietet sich ein überraschend großartiges Panorama über die Aiguilles Rouges hinweg auf die gesamte N-Seite des Montblancmassivs, aber auch auf die Berge im Norden.

### • 58 A Abstieg
4 Std.

Wie R 57 in umgekehrter Richtung; die beiden Felsklötze westl. des Table au Chantre können im Abstieg von den N-Seiten her problemlos in je $^1/_4$ Std. miterstiegen werden.
**Schwierigkeit:** Der Aufstieg zur Hütte ist bei jedem Wetter problemlos; der weitere Gipfelanstieg erfordert jedoch bei starkem Nebel Orientierungssinn. Er ist aber ansonsten auch für Ungeübte zu empfehlen.
**Gehzeiten:** Talort Buet — Refuge Bérard 2—2$^1/_4$ Std.; Refuge Bérard — Gipfel Le Buet 3 Std.
**Stützpunkt:** Refuge de la Pierre à Bérard, 1950 m, einfach bewirtschaftet, Übernachtung im Lager möglich.
**Höhenunterschiede:** Talort Buet — Refuge Bérard 650 m, Refuge Bérard — Gipfel Le Buet 1144 m.

### • 59 Montblanc du Tacul, 4248 m

Der Montblanc du Tacul bietet sich als ideale „Generalprobe“ für den Gipfelsturm auf den Montblanc an. Die frühestmögliche Seilbahnauffahrt auf die Aiguille du Midi macht es ohne weiteres möglich, diesen Viertausender an einem einzigen Tage, ohne zermürbende Hüttennächtigung, zu besteigen, ohne daß man beim Abstieg in allzu weichen Firn gerät. Landschaftlich ist dieser Aufstieg — der ausschließlich auf Gletscherfirn liegt — einer der großartigsten im Herzen der Montblancgruppe.

**• 60 Von Chamonix**

Bei Seilbahnauffahrt hochalpine, aber bequeme Tagestour; durchwegs in Gletschergelände, nur in sehr verläßlicher, erfahrener Seilschaft mit entsprechender Ausrüstung. Nicht für Anfänger und Ungeübte! Nur bei gutem Wetter! Restaurant auf der Aiguille du Midi. 3½—4 Std.

Von Chamonix zur Talstation der Téléphérique de l'Aiguille du Midi, 1036 m. Erste Fahrt: Mai, Juni, September 8 Uhr; Juli und August auch 6 und 7 Uhr. Seilbahnauffahrt zur Aiguille du Midi, 3842 m; von der Bergstation südw. bis zum Ausgang des künstlichen Felstunnels (Schiabfahrt), wo angeseilt wird.
Man steigt nun entlang einiger Sicherungsstangen mit Seilgeländer den flachen Wächtengrat ostw. ab, bis die Spur südwestw. abschwenkt. Mäßig bergab auf das flache Firnfeld des Vallée Blanche bis zum Col du Midi, 3532 m — dem „tiefsten" Punkt der Route! Die Spur steigt nun, zunächst noch mäßig, südw. an, quert unter einem bedrohlichen, haushohen Schneeturm und führt nun reichlich steil unmittelbar südw. die breite N-Flanke empor. Noch im unteren Teil wird ein steiler Abbruch im Gletscher über einer tiefen Spalte mittels einer fixierten Holzleiter überstiegen, weitere einfachere Steilstufen sind problemlos zu meistern, notwendigenfalls mit gegenseitiger Sicherung. Von der flachen, weiten Firnkuppe besteigt man bei guten Verhältnissen mühelos in wenigen Min. den kleinen Gipfelfelsen. Ein problemloser Firngrat führt zum zweiten Felsaufbau des Doppelgipfels, der ebenfalls leicht zu ersteigen ist.

**• 61 A Abstieg zur Aiguille du Midi**

3 Std.

Wie R 60 in umgekehrter Richtung; technisch ist der steile Abstieg anspruchsvoller! Vom Col du Midi zur Aiguille du Midi (zur Talfahrt) 310 m Gegenanstieg.
**Schwierigkeit:** Bei guten Verhältnissen für Geübte mäßig schwierige Gletschertour, die relativ steile Neigung der N-Flanke macht, namentlich im Abstieg, jedoch reichliche Sorgfalt und Vorsicht erforderlich. Gehen in Seilschaft mit Pickel und Steigeisen ist unerläßlich. Nicht für Anfänger und wenig Geübte!

*Blick vom Brévent auf (von links) Montblanc du Tacul, Mont Maudit, Montblanc und Dôme de Goûter.*

**Gehzeiten:** Aiguille du Midi — Montblanc du Tacul 3½—4 Std.
**Stützpunkte:** Refuge du Col du Midi, 3593 m, bewartet; Restaurant und Bars auf der Aiguille du Midi.
**Höhenunterschiede:** Aiguille du Midi — Col du Midi 310 m (Abstieg), Col du Midi — Montblanc du Tacul 716 m.

# II. Tagestouren aus dem Val Vény, dem Val Ferret und dem Val Montjoie

## Val Vény

### ● 101 Mont Chétif, 2343 m

Der Mont Chétif, mit der Gebirgskette südl. des Val Vény nur durch ein relativ niedriges Joch verbunden, ragt isoliert an der Kreuzungsstelle zwischen Val Vény, Val Ferret und dem Tal von Courmayeur empor. Die landschaftliche Schlüsselstellung dieses relativ bescheidenen Felskegels begründet seinen Rang als zentralen Aussichtspunkt.
Die Besteigung ist — bei Seilbahnauffahrt — weniger ein sportliches Unterfangen, sondern vielmehr eine gemütliche Halbtagestour, die eine umfassende Orientierung bietet — ein idealer Auftakt für den Ankunftstag.

**● 102 Von Courmayeur**
Bei Seilbahnauffahrt einfache Halbtagestour, bez. Mehrere Restaurants am Plan Chécrouit und Courba Dzeleuna. 3½ Std.

Von Courmayeur (Talstation der „Télécabine Dolonne“, 1224 m) Auffahrt mit der Gondel zum Plan Chécrouit, 1708 m; hier entweder Weiterfahrt mit Seggiovia Pra Neiron (Doppelsessellift) zur Cresta Pra Neiron, 2024 m, oder Fußmarsch über Pistengelände zum noblen Restaurant Courba Dzeleuna, 2080 m (große Aussichtsterrassen, beheizter Swimmingpool). Wenige Schritte zur Bergstation der Seggiovia Zerotta; hier beginnt der eigentliche Bergpfad, der, hervorragend markiert, in steiler und interessanter Wegführung über den breiten Bergrücken ostw. führt. Bald wird das strauchbewachsene Plateau vor dem Gipfelaufbau erreicht; von dort sind es nur noch ein paar Min. auf dem breiten, grünen Rücken empor zum Gipfel.
Wenige Schritte auf dem Verbindungsgrat zum östl. Vorgipfel bergab; eine kleine Gipfelkapelle mit einer riesigen Madonna ziert den umfassendsten Aussichtspunkt über Courmayeur: im N die gesamte Montblanc-Südseite, zu beiden Seiten Val Vény und Val Ferret mit den südw. abschließenden Bergketten, im S das Tal von Courmayeur.

● **103 A Abstieg**
2 Std.

Wie R 102 in umgekehrter Richtung. Ins Tal entweder mit der Seilbahn oder auf aussichtsreichem Wanderpfad durch die Schlucht des Wildbaches nach Dolonne. Über das Flußtal der Dora Baltea auf einer der beiden Brücken zum Ausgangspunkt.

● **104 A Abstieg über die Sciovia Sorgente**
Nur bei guter Sicht für Geübte. Orientierungssinn erforderlich, bei Nebel gefährlich, Markierungen unbedingt beachten. 2½ Std.

Hinab zu dem in R 102 erwähnten Plateau. Hier weist eine verblassende Markierung südw. hinab zu dem riesigen Stahlrohrgerüst (Reflektor für drahtlose Fernsprechübermittlung). Bei einem Hinweis am Fels (Pre Pascal) beginnt ein abenteuerlicher, kaum begangener Rundweg nach Art eines verfallenen Wilderersteiges um den gesamten Gipfelstock. Zwei Markierungssteine eröffnen zunächst einen sehr steilen Serpentinenpfad hinab in die S-Flanke, bald jedoch halblinks und in weitem Bogen ostw. flacher weiter; ein kleiner Gegenanstieg über eine Felsplatte wird durch eine Kette erleichtert.
Über teilweise schlecht markierte Passagen in grasigem Gelände im wesentlichen fast eben rund um den Gipfelfelsen weiter. Eine kleine Holzleiter und mehrere rostige Eisenketten als „Abstiegshilfen" führen schließlich über plattiges Gestein hinab auf das Pistengelände der Sciovia Sorgente, deren Bergstation, 2030 m, nach kurzem Anstieg erreicht wird. Auf planierter Piste die letzten 50 Höhenmeter zurück zur Courba Dzeleuna.
**Schwierigkeit:** Bei Seilbahnauffahrt einfache und bequeme Halbtagestour, gut markiert, auch für Kinder.
Abstieg R 104 A nur bei guter Sicht für etwas Geübtere mit Orientierungssinn empfehlenswert (bei Nebel gefährlich, Markierungen unbedingt beachten!).
**Gehzeiten:** Dolonne — Courba Dzeleuna 2½ Std.; Courba Dzeleuna — Mont Chétif 1 Std.
R 104 A — Courba Dzeleuna 1 Std.; Abstieg von der Courba Dzeleuna nach Dolonnne 1½ Std.
**Stützpunkte:** Mehrere Restaurants am Plan Chécrouit und Courba Dzeleuna.
**Höhenunterschiede:** Dolonne — Courba Dzeleuna 864 m; Courba Dzeleuna — Mont Chétif 263 m.

Blick vom Gipfel des Mont Chétif (Mont de la Madonne) in das Val Sapin.

### • 105 **Tête d'Arp**, 2747 m, **Mont Favre**, 2967 m, **Mont Fortin**, 2758 m

Der Verbindungspfad über die drei Gipfel jener Bergkette, die das Val Vény nördl. abschließen, ist ein sehr ausgedehnter Höhenweg. Ähnlich wie der „Grand Balcon" auf der N-Seite des Montblancmassivs bietet auch dieser relativ unschwierige Weg ein Höchstmaß an Ausblicken auf die S-Seite des Montblanc, zugleich aber auch reizvolle Einblicke in die nach S abzweigenden Quertäler. Verbindet man diesen Pfad mit einem Abstieg über den wesentlich tiefer liegenden Weg auf der N-Seite dieser Bergkette (Alpe superiore de l'Arp Vieille, Lac Chécrouit) oder mit dem weiteren Weg zum Col de la Seigne, so kann man am Abend auf eine sehr ausgedehnte und schon hochalpine Bergwanderung mit den eindrucksvollsten Erinnerungen an das südseitige Montblanc-Panorama zurückblicken.

### • 106 **Von Courmayeur**

Bei Seilbahnauffahrt ist der hochalpine Höhenweg eine ausgedehnte, reichlich anstrengende Tagestour, mit weglosem, sehr schlecht gangbarem Anstiegsstück (brüchig). Zum Teil nicht bez., Pfadspuren zum Teil verwachsen, bei Nebel abzuraten. Bis zum Mont Fortin 5—6 Std. Bis zum Col de la Seigne 6½—7 Std.

Von Courmayeur zur Talstation der Télécabine Dolonne, 1224 m, Seilbahnauffahrt und Weiterfahrt bis zur Cresta Pra Neiron, 2024 m; oberhalb Pra Neiron sind im Sommer grundsätzlich alle Liftanlagen sowie Restaurants außer Betrieb. Das Gelände zwischen Mont Chétif und Tête d'Arp, das eine herrliche Sicht auf die S-Seite der Montblanc-Kette bietet, ist im übrigen durch Planierraupen als Pistengelände „präpariert" und zur Sommerzeit leider ein denkbar trauriger Anblick. Man marschiert zwangsläufig über dieses Pistengelände in Richtung Station Cresta di Youla, 2624 m. Der letzte, weglose Aufstieg durch die steile und sehr brüchige N-Flanke zur Gipfelstation Cresta d'Arp ist schwierig und sehr mühsam und nur geübten Bergsteigern zuzumuten; Ungeübten ist daher von diesem relativ kurzen Aufstieg abzuraten.
Von der im Sommer völlig vereinsamten Gipfelstation empfiehlt sich ein kurzer Bummel über den grasigen S-Hang zur Tête d'Arp, 2747 m.
Nun zurück zur Bergstation und entweder weglos in Gratnähe in der S-Flanke oder aber über einen schmalen Pfad auf den Verbin-

Die Südflanke der Grandes Jorasses von der Tête d'Arp.

dungsweg Col d'Arp — Col de Youla absteigen und hier bequem zum Col de Youla, 2661 m. (Hier Abstieg auf den „unteren Höhenweg" möglich.) Nun schwenkt der Weg auf die N-Seite des kleinen Felsrückens und umgeht die felsige Wand nördl. des Joches, um dann von S in verwachsenen Serpentinen und über den wieder grasigen Buckel auf den Berg emporzusteigen.
Eine sehr reizvolle Höhenwegpassage bis zum N-Grat des Mont Nix (der Grat selbst weist mäßig schwierige Kletterei in sehr brüchigem Fels auf!), der erste herrliche Nahblick auf den Mont Bério Blanc. Hinab in die S-Flanke des Mont Favre und über einen außergewöhnlich schönen Wegabschnitt zu einem kleinen Joch; in weit ausholendem Bogen die grasige S-Seite des Mont Favre entlang; herrliche Blicke nach S auf die Schneefelder und Schmelzwassertümpel im Val d'Orge; am Joch zwischen Mont Bério Blanc und Mont Favre, 2976 m, werden Gipfelsammler letzteren besteigen wollen: am besten gleich weglos den Grat empor und kurz vor dem Gipfel auf grasigem, deutlich ausgeprägtem Pfad nach links; die letzten 20 m zum höchsten Gipfelschrofen sind eine sehr brüchige und etwas luftige Angelegenheit, nur für Schwindelfreie!
Nun über den W-Grat gerade hinab, bis grasige Serpentinen wieder auf den Höhenweg und auf ein schwach ausgeprägtes Joch zulaufen. Herrlicher Blick auf die Seenplatte in der flachen S-Flanke. Gemächlich wieder empor, zuletzt noch einmal auf eine Höhe von 2811 m; nach dem schrofigen Sporn, der die flache S-Flanke teilt, wieder gleichmäßig hinab zum Mont Fortin, 2758 m (dort befindet sich ein verfallenes Gebäude aus dem Jahr 1892). Von hier schöne Blicke nach S ins Vallon de Chavannes und auf die verästelten Bachläufe des Val Vény.

**• 107 Von Dolonne**

Sehr anstrengende Tagestour, am Anfang gut bez., im weiteren Verlauf jedoch nicht bez. und bei Nebel abzuraten. Bis zum Mont Fortin 7—8 Std., bis zum Col de la Seigne 8½—9 Std.

In Dolonnne beginnt unmittelbar hinter der Station der Télécabine Dolonne ein markierter, ziemlich steiler Waldweg, der über Almregionen mit verfallenden Gebäuden zur noch bewirtschafteten Alm Alpe d'Arpe führt. Von hier etwas flacher in die große Karmulde zwischen Tête d'Arp und Tête de l'Ane, zuletzt sehr steil auf den Col d'Arp, 2570 m. Auf flachem, noch markiertem Weg durch die S-Flanke der Tête d'Arp bis zum Col de Youla, ab hier wie Aufstieg R 106.

*Auf dem einsamen Höhenweg zwischen Col de Youla und Mont Fortin.*

**• 108 Vom Col de la Seigne**
Bis Courmayeur 7—8 Std.

Wer sich mühsame Aufstiege sparen will, begeht die Tour in umgekehrter Richtung vom Col de la Seigne oder von der Alpe inferiore de l'Arp Vielle im Val Vény. Ungeübte seien vor dem weglosen Abstieg von der Gipfelstation Cresta d'Arp durch die N-Flanke gewarnt.

**• 109 A Abstieg vom Mont Fortin**
Zum Col Chécrouit 2½—3 Std.; bez., einfach.

Vom Mont Fortin auf steilem, markiertem Serpentinenpfad den N-Sporn des Berges hinab und ostwärts in die weite Almmulde der Alpe superiore de l'Arp Vieille, 2303 m (von hier bzw. auch bereits 100 Höhenmeter vorher Abstieg zur Alpe inferiore de l'Arp Vieille im Val Vény möglich). Von der Alm wieder sanft empor und in bequemer Steigung über den N-Sporn des Mont Favre hinüber ins weite Almgelände zu Füßen der Tête d'Arp. Am Lac Chécrouit, 2165 m, vorbei zum gleichnamigen Joch (Col Chécrouit, 1956 m) und schließlich hinab zu den Liften, die, sofern noch in Betrieb, für den restlichen Abstieg nach dieser langen Tour eine willkommene Hilfe darstellen.

**• 110 A Abstieg vom Mont Fortin ins Val Vény**
Zum Col de la Seigne 1½—2 Std., bez., einfach.

Vom Mont Fortin können vom Ausgangspunkt Unabhängige den markierten Weiterweg an der S-Flanke des Mont Perce über den Col de Chavannes, 2603 m, zum Col de La Seigne, 2513 m, wählen und hier ins Val Vény, absteigen (s. Tour de Montblanc, 4. Etappe, R 215 A).
**Schwierigkeit:** Auch bei Abkürzung durch Seilbahnauffahrt große, reichlich anstrengende Bergwanderung in hochalpiner Höhenlage, bei Fußanstieg von Dolonne (4 Std. länger!) *sehr* anstrengend! Der Weg vom Col de Youla bis zum Mont Fortin ist unmarkiert und zum Teil durch Gras verwachsen. Er ist daher bei Nebel nicht immer leicht zu finden!
**Gehzeiten:** Dolonne — Col d'Arp 4 Std.; Col d'Arp — Mont Fortin (je nach Gipfelbesuch) 3—4 Std.; Abstieg vom Mont Fortin zum Col Chécrouit 2½—3 Std., Abstieg vom Mont Fortin zum Col de la Seigne 1½—2 Std.
**Höhenunterschiede:** Dolonne — Col d'Arp 1354 m; Col d'Arp — Mont Favre 397 m.

## Italienisches Val Ferret

**● 120** **Mont de la Saxe,** 2348 m,
**Tête Bernarda,** 2534 m

Der Mont de la Saxe ist das grasige, rundlich-gemütliche Vis-à-vis des Mont Chétif. Mit der Tête Bernarda und der Tête de la Tronche durch nur schwach ausgeprägte Sättel verbunden, lädt diese leicht begehbare Folge von buckligen Gipfelkuppen zu einer herbstlichen Abschiedswanderung geradezu ein. Stetige Ausblicke auf den östl. Teil der Montblanc-Kette begleiten den Wanderer.

**● 121 Von Courmayeur**

Bequeme bis ausgedehnte Bergwanderung, z.T. nicht bez.; bei guter Sicht problemlos, bei Nebel abzuraten. Bis zum Mont de la Saxe 2½—3 Std., zur Tête Bernarda zusätzlich ¾ Std., zur Tête de la Tronche nochmals ½ Std.

Von Courmayeur fährt man zum Ortsteil Villair und hier bis zum bergseitigen Ende der asphaltierten Via Val Sapin in etwa 1350 m Höhe. Dort auf Schotterstraße — trotz Verbotsschild gegebenenfalls auch mit Pkw — weiter. Nach 500 m links über die Brücke und auf der Fahrstraße noch 600 m weiter. Hier, genau 400 m vor der Alm La Trappe, zweigt nach links ein markierter Weg ab. Bequeme Serpentinen, die weiter oben teils nach Art eines Promenadeweges ausgebaut sind, führen durch hochstämmigen, lichten Föhrenwald — bei schönen Ausblicken aufs Tal und den Mont Chétif — bis zur verfallenen Alm Le Pré, 1991 m. Auf dem breiten, runden Gratbuckel mit unmarkierten Pfadspuren empor bis zum „Gipfel", dem grasigen Kulminationspunkt dieser riesigen Hochalmfläche.
Auf dem breiten Höhenrücken je nach Lust und Laune weglos oder mit einer der Pfadspuren ostw. weiter und über ein schwach ausgeprägtes Joch gegebenenfalls noch auf die Tête Bernarda, 2534 m, und schließlich die Tête de la Tronche, 2584 m, (s. auch R 125 A, R 130 A).

**● 122** Wer die 1,5 km lange Schotterstraße bis zur Alm La Trappe fahren will und hier noch einen Parkplatz findet, kann unmittelbar gegenüber dem ersten (zum Feriendomizil ausgebauten) ehem. Almgebäude auf der südl. Straßenseite (rotes Blechdach!) zwischen den anderen Almhäusern nach links einbiegen; der zunächst kaum kenntliche Pfad wird bald sehr deutlich und führt bequem und völlig eben auf den Aufstiegsweg, R 121.

**● 123** Von La Trappe auf Fahrspur weiter, an der Alm Chapy vorbei; das Hinweisschild „Trou des Romains" führt auf markiertem Weg zu einer kleinen Höhle, wo der Weg aufhört. Im hintersten Talgrund, etwas oberhalb der Ruinen einer ehem. Alm, zweigt bei 1732 m eine undeutliche, unmarkierte Pfadspur nach links auf den grasigen Hang ab, quert diesen in gleichmäßiger Steigung und führt — teilweise bis zur Unkenntlichkeit verwachsen — schräg empor bis zur westl. Kuppe der Gipfelwiese.

**● 124 A Abstiege**
Vom Mont de la Saxe 2—2½ Std.

Wie R 121, R 122 und R 123 in umgekehrter Richtung, die beiden letzten Rückwegstrecken in etwa gleicher Gehzeit.

**● 125 A Abstieg über den Col Sapin**
Bez., 2½—3 Std.

Von der Tête de la Tronche führt eine Pfadspur auf den Col Sapin, 2436 m. Von hier Abstieg auf markiertem Pfad südw. auf die Alm Curru, 2005 m. Nun auf Serpentinen zurück in den Talgrund (Ausgangspunkt Aufstieg R 121) oder in der N-Flanke der Tête de Liconi über die Alm La Suche, 1810 m, nach Villair.
**Schwierigkeit:** Je nach Ausdehnung des Wegzieles bequeme bis tagfüllende, doch in jedem Falle einfache Bergwanderung; bei guter Sicht trotz zum Teil fehlender Markierungen problemlos. Bei Nebel u. U. Verirrungsgefahr auf den endlosen unmarkierten Hochalmflächen.
**Gehzeiten:** Villair — Mont de la Saxe etwa 2½—3 Std.; von hier zur Tête Bernarda etwa ¾ Std., zur Tête de la Tronche nochmals ½ Std.; Abstieg vom Tête de la Tronche über Col Sapin nach Villair 2½ bis 3 Std.
**Stützpunkte:** Keine.
**Höhenunterschiede:** Villair — Mont de la Saxe etwa 1000 m; Mont de la Saxe — Tête Bernarda — Tête de la Tronche 186 m und 50 m.

**● 126 Tête entre deux Sauts,** 2729 m

Die unschwierige Bergwanderung bietet sich als lohnender, tagfüllender Abstecher aus dem Val Ferret an. Gemütliche Anstiegswege über Almgelände, das romantische Hochtal Vallon de Malatra, der problemlose Aufstieg über die grasige S-Seite, herrliche Ausblicke auf die S-Seite der Montblanc-Kette und die N-Seite der wesentlich höheren südl. Gipfelkette — alles in allem eine lohnende Tagestour, welche die Eindrücke der Tour unter R 121 vertieft.

*Mont Chétif vom Anstieg zum Mont de la Saxe.*

**● 127 Von La Vachey,** 1642 m, **über die Alpe Gioé**

Ausgedehnte, aber einfache Bergwanderung, spärlich bez., grasiges Gelände. Bei Nebel abzuraten. 3—3½ Std.

Man fährt von Courmayeur ins Val Ferret bis La Vachey, 1642 m; genau 1 km hinter dem Weiler steht ein kleiner, rückseitig in den Hang hineingebauter, massiver Verkaufskiosk mit Pultdach (etwa 150 m nach der kleinen Brücke). Unmittelbar rechts davor zweigt ein gut markierter Steig ab, der zunächst in mäßiger Steigung nach links ausholt, um sich dann in weitem Bogen der verfallenen Alm Gioé, 2007 m, zuzuwenden. Über den Bach hinüber zur ebenfalls aufgelassenen Alm Alpe (inferiore) Malatra, dann südw. empor zur noch betriebenen Alm Alpe superiore de Malatra. Fast eben durch das romantische, flache Hochtal von Malatra, gegen Ende des Tals in weitem Bogen nach rechts, in bequemer Steigung auf den Pas entre deux Sauts zu (2524 m). Vom Joch auf Pfadspuren, doch ebenso gut auch weglos, zunächst in der W-Flanke, dann etwas westl. des flachen, grasigen Gratrückens den S-Hang empor bis zum Gipfelsteinmann.

**● 128 Von La Vachey,** 1642 m, **über die Alpe Malatra**

Ausgedehnte, einfache Bergwanderung, spärlich bez., grasiges Gelände. Bei Nebel abzuraten. 3—3½ Std.

Etwa 150 m vor dem Beginn des unter R 127 beschriebenen Weges, also unmittelbar vor der kleinen Brücke, bei unleserlichen Hinweisschildern rechts auf den Karrenweg und 70 m nach der letzten Kehre links ab auf einen zunächst unmarkierten Pfad, der bald markiert zur Alpe inferiore de Malatra weiterführt. Weiter wie unter R 127.

**● 129 A Abstieg über die Alpe Armina**

2 Std.

Vom Gipfel zurück zum Pas d' entre deux Sauts, hinab zur Alpe de Séchéron, wo Sennen unter geradezu steinzeitlichen Bedingungen hausen. Auf flachem Weg am W-Fuß der Tête entre deux Sauts zur Alm Armina, 2009 m; von dort viele Wegspuren nach rechts, die bald auf den Karrenweg zur Alm Séchéron, 1924 m, und zurück zum Ausgangspunkt (Aufstieg R 127 oder R 128) führen.

**● 130 A Abstieg über die Tête de la Tronche und die Alpe la Lichère**

3½—4 Std.

Von der Alpe de Séchéron hinauf auf den Col Sapin, 2436 m, und auf Pfadspuren nordwärts über die grasigen Buckelrücken zur Tête de la Tronche, 2584 m. Weiter zum tiefsten Einschnitt zwischen Tête Bernarda und Tête de la Tronche; von dort auf deutlichen, aber unmarkierten Pfadspuren mäßig steil nordwestl. hinab zur Alm la Lichère. Auf Pfadspur ostw., durch die Bachschlucht zur Alm Armina, von hier weiter wie Abstieg R 129 A.
**Schwierigkeit:** Ausgedehntere, aber einfache Bergwanderung. Bei Nebel wegen der teils spärlichen Markierung im grasigen Gelände reichlich Orientierungssinn nötig.
**Gehzeiten:** Ausgangspunkt Tête entre deux Sauts etwa 3 bis 3½ Std. (Abstieg 2 Std.); Col Sapin — Tête de la Tronche — Armina 1½—2 Std.; Col Sapin — Villair 2¼—2¾ Std.
**Stützpunkte:** Keine.
**Höhenunterschiede:** La Vachey — Tête entre deux Sauts 1087 m.

## Schweizerisches Montblancgebiet

### • 140 Le Bonhomme, 2435 m und Le Catogne, 2598 m

Die unschwierige Bergwanderung bietet sich als kleiner, aber sehr lohnender Abstecher von Champex auf den Catognekamm an. Die vorzügliche Aussicht auf die NO-Seite des Montblancmassivs und auf die Combingruppe lohnt in jedem Falle das Unternehmen, das man im Zuge einer Montblanc-Umwanderung getrost einplanen sollte.

### • 141 Von Champex-Lac

Ausgedehnte, aber problemlose Bergwanderung. Gipfelaufstieg zum Bonhomme leichte Kletterei, das Gestein des Bonhomme wird bei Nässe allerdings unangenehm schlüpfrig! Eine Überschreitung des ganzen Catognekammes, über die Pointe des Chevrettes, 2568 m, bleibt nur sehr erfahrenen Bergsteigern überlasseen. Bis Le Bonhomme 2½—3 Std., bis Le Catogne 4—4½ Std.

Vom nördl. Teil des Dörfchens Champex, beim Hotel Crettex, führt ein guter Fußweg in nordöstl. Richtung zum Catognekamm hinauf. Dort erreicht man zunächst einen kleinen Kiosk mit sehr schöner Aussicht. Viel schöner aber wird es, wenn man den Steig nördl. hinauf verfolgt. Nahe dem Grat, zuletzt in leichter Kletterei, erreicht man in 2½—3 Std. ab Champex den ersten Gipfel, den Bonhomme, einen Vorgipfel des Catogne. Erstaunlich ist, daß der Bonhomme aus Jurakalk aufgebaut ist, während der weitere Aufbau des Catognekammes aus Gneis besteht. Der von Champex emporführende Steig biegt kurz unterhalb des Bonhomme nach links in die SW-Flanke ein und führt langsam steigend in etwa 1½ Std. zum Gipfel des Catogne. Eine grandiose Aussicht über das Val Ferret hinweg auf das Montblancmassiv lohnt die Mühe des Aufstiegs.

**● 142 A Abstieg**

2—2½ Std. von Le Bonhomme.

Wie R 141 in umgekehrter Richtung. Etwa noch vorhandenen Resten von Fußwegen links hinab in Richtung Champex-haut sollte man mißtrauen. Sie sind nicht mehr instandgehalten und verlieren sich im dichten Gestrüpp des Hochwaldes.
**Schwierigkeit:** Ausgedehnte, aber problemlose Bergwanderung.
**Gehzeiten:** Champex — Le Bonhomme 2½—3 Std.; Champex — Le Catogne 4—4½ Std.
**Höhenunterschiede:** Champex — Le Bonhomme 965 m, Champex — Le Catogne 1128 m.

**● 143 Col des Ecandies,** 2796 m

Die Hochgebirgswanderung folgt zunächst der vielbegangenen Nebenroute der Tour du Montblanc durch das Val d'Arpette, zweigt aber auf halbem Wege in ein völlig verlassenes Hochkar ab. Dieses Val Arpettaz erschließt ein nahezu unberührtes Stück urtümlicher Bergnatur und bietet einen großartigen Einblick in die berühmten Felsnadeln der Ecandies sowie in die Gletscherwelt des Plateau du Trient. Bei guten Verhältnissen ist vom Col des Ecandies ein Aufstieg über den Gletscher zur Cabane du Trient möglich.

**● 144 Von Champex-Lac**

Einfache, aber lange Bergwanderung; anschließende Gletscherbegehung ggf. nur mit entsprechender Ausrüstung und in Seilschaft. Bis zum Col des Ecandies 4½ Std.

Am Col des Champex, 1498 m, unmittelbar neben der Talstation des Sesselliftes, beginnt eine sehr steile, mit üblichen Autos jedoch durchaus befahrbare Schotterstraße, die durch den Wald bis zum modernen Berggasthof Arpette, 1688 m, führt. Man folgt nun dem

*Auf dem Plateau du Trient.*

zunächst vielbegangenen Pfad durch das romantische Val d'Arpette, einer Nebenroute der Tour du Montblanc (vgl. R 229). Bei der Wegabzweigung in etwa 2100 m Höhe (La Barme) folgt man der Pfadspur nach links und gelangt südl. der Pointe des Ecandies, 2873 m, steil und mühsam zum Col des Ecandies, 2796 m, von wo sich ein großartiger Blick auf den Glacier du Trient und die faszinierenden Felsnadeln des Ecandies auftut. Bei guten Verhältnissen ist nun ein einstündiger Aufstieg über den Gletscherrand hinüber zur Cabane du Trient, 3170 m, möglich.

**● 145 A Abstieg**
3—3½ Std.

Wie R 144 in umgekehrter Richtung; von der Cabane du Trient ggf. wie R 146 in umgekehrter Richtung.
**Schwierigkeit:** Einfache, aber lange Bergwanderung; Gletscherbegehung ggf. nur mit entsprechender Ausrüstung und in Seilschaft.
**Gehzeiten:** Col des Champex — Col des Ecandies 4½ Std.; Col des Ecandies — Cabane du Trient 1 Std.
**Stützpunkte:** Berggasthof Arpette, 1688 m; ggf. Cabane du Trient, 3170 m.
**Höhenunterschiede:** Champex — Col des Ecandies 1326 m; Col des Ecandies — Cabane du Trient 374 m.

**● 146 Cabane d'Orny,** 2830 m,
**Cabane du Trient,** 3170 m, und
**Pointe d'Orny,** 3270 m

Die Tour führt durch alle Regionen des Hochgebirges über den von Felsen umschlossenen Glacier d'Orny bis in die glitzernde Weite der riesigen Gletscherwelt des Plateau du Trient. Die beiden Hütten bieten gastliche Stützpunkte für diese großartige, problemlose Bergwanderung in die Gletscherregion des Plateau du Trient.

**● 147 Von Champex-Lac**
Problemlose Hochgebirgswanderung, bei gutem Wetter und normalen Verhältnissen ist auch die halbstündige Gletscherbegehung ohne jegliche Gletscherausrüstung möglich. Moderne Restaurants an der Cabane d'Orny und an der Cabane du Trient. Bei Sesselliftauffahrt 3¼—3¾ Std.

*Der Weg zur Cabane du Trient über den Glacier d'Orny.*

Am Col des Champex, 1498 m, steht ein Sessellift, der in genußreicher Fahrt hinaufführt auf 2198 m, fast bis auf den Rücken der Breya. Von der Bergstation aus ist ein schöner Höhenweg gebaut worden, der allmählich steigend, in bequemer und aussichtsreicher Wanderung in etwa 1¾ Std. zur Cabane d'Orny führt. Die letzte Strecke des Weges folgt der linken Seitenmoräne des Glacier d'Orny. Hinter den Ruinenresten der ehemaligen, recht primitiven Hütte, die auf 2687 m lag, führt der Weg noch an zwei kleinen Moränenseen vorbei. Hoch droben über dem Glacier d'Orny, auf einem lawinensicheren Felsaufbau, liegt die moderne, freundliche Cabane d'Orny, 2830 m, mit 80 Betten (geöffnet 1. Juli bis 15. Sept., Tel. 02 64 18 87).

● **148** Oberhalb der Cabane d'Orny tritt der Gletscher unmittelbar an die unwegsamen Felswände und Kare heran, der weitere Wegverlauf führt am nördl. Rand des oberen Glacier d'Orny entlang. Die ausgetretene Spur bis zur Cabane du Trient ist weitgehendst spaltenfrei und kann bei gutem Wetter normalerweise ohne Anseilen und auch ohne Steigeisen und Pickel begangen werden; eine vorherige Erkundigung über die jeweiligen Wegverhältnisse beim Hüttenwirt oder bei soeben abgestiegenen Touristen ist jedoch angeraten. Dieser halbstündige Gang über den nur flach ansteigenden Gletscherrand bietet einigen altgedienten Bergführern aus Champex die Gelegenheit, für große Gruppen von Bergneulingen „geführte Bergwanderungen mit Gletscherüberschreitung" durchzuführen.
Die moderne, großartig angelegte Cabane du Trient liegt etwas oberhalb des Firnsattels Col d'Orny, 3107 m, am flachen Südwestfuß der Pointe d'Orny in 3170 m Höhe und ist vom Gletscherrand in wenigen Min. über einen kurzen Pfad zu erreichen. Der Blick streift von hier über das große Firnbecken des Plateau du Trient, das gegen W und S von einer Reihe imposanter Felsgipfel begrenzt wird.
Die Schaustücke der Aussicht sind aber die Aiguilles Dorées und die Aiguilles an der französischen Grenze, von der Chardonnet über die zwei Fourches, Blanche, Purtscheller zur Aiguille du Tour. Wer hier einen schönen Sonnenuntergang erlebt hat, wird diesen zu seinen schönsten Bergerlebnissen zählen.

*Vor der Cabane du Trient.*

**● 149 Pointe d'Orny,** 3269 m

Unmittelbar nördl. hinter der Cabane du Trient baut sich die Pointe d'Orny auf, ein völlig harmloser Schrofengipfel, der die Hütte um genau 100 Höhenmeter überragt. In einer Viertelstunde steigt man problemlos von der Hütte auf Pfadspuren zum Gipfel auf und genießt dort ein Panorama, das bis zu den Bergen des Berner Oberlandes reicht.

**● 150 A Abstieg**
2½—3 Std.

Wie R 147, R 148 und R 149 in umgekehrter Richtung. Anstelle der bequemeren Talfahrt mit dem Sessellift kann man auch wahlweise zwei bequeme Fußwege talwärts bummeln, entweder nordw. direkt nach Champex-Lac, oder, über eine Wegvariante, vor der Sesselliftstation steil südostw. ab und bei der Wegkreuzung auf 1500 m Höhe nordw. in weitem Bogen bis ans Seeufer.
**Schwierigkeit:** Bei gutem Wetter problemlos.
**Wegzeiten:** Champex — Cabane du Trient 5—5½ Std. (bei Sesselliftauffahrt nur 3—3½ Std.); zur Pointe d'Orny noch ¼ Std. länger.
**Stützpunkte:** Cabane d'Orny, 2830 m, modern; Cabane du Trient, 3170 m, modern, oft überfüllt.
**Höhenunterschiede:** Champex — Cabane du Trient 1700 m; Cabane du Trient — Pointe d'Orny 100 m.

**● 151 Cabane de Saleina,** 2691 m

Die tagfüllende Hüttentour bietet großartige Eindrücke am Rande der Gletscherwelt, erschließt aber nur dem erfahrenen Hochalpinisten ein weiteres Vordringen in die Eisregion.

**● 152 Von Praz de Fort,** 1151 m
Problemlose, aber lange Bergwanderung, unter dem Glacier de l'Evole Steinschlaggefahr. Cabane de Saleina bewartet. 4½—5 Std.

Von Praz de Fort folgt man zunächst dem Steig nördl. der Reuse de Saleina, der zur Cabane d'Orny führt (vgl. R 146). In etwa 1330 m Höhe, nach etwa ½ Std. Aufstieg, erreicht man eine Weggabelung. Der rechte Pfad führt zur Cabane d'Orny; wir nehmen den linken Pfad, der den Bach überquert und eine Strecke weit südseitig auf der Moräne fortführt. Eine felsige Steilstufe wird mit Hilfe von vorhandenen Steighilfen leicht überwunden. Hinter der Felsstufe geht es über einen schrofigen Hang zum Felskopf La Gare,

2270 m und dann südw. in ein geröllerfülltes Kar hinein und in einem nach links ausholenden Bogen unter dem kleinen, aber manchmal Steinschlag verursachenden Evole-Gletscher nach rechts ansteigend zur Hütte, die auf einem Felskopf hinter dem Geröllkar steht.
Die Hütte bietet eine wunderbare Rundsicht, aber keine Wanderungen oder bequemen Besteigungen. Auch die Übergänge zu den anderen Hütten auf Schweizer Gebiet oder über die Grenze nach Frankreich sind sehr ernstzunehmende Gletscherfahrten, die nur dem Geübten vorbehalten sind.

● **153 A Abstieg**
3—3½ Std.

Wie R 152 in umgekehrter Richtung.
**Schwierigkeit:** Problemlose, aber lange Bergwanderung; unter dem Glacier de l'Evole ist Vorsicht geboten, es besteht Steinschlaggefahr.
**Wegzeiten:** Praz de Fort — Cabane de Saleina 4—4½ Std.
**Stützpunkte:** Cabane de Saleina, 2691 m, bewartet.
**Höhenunterschiede:** Praz de Fort — Cabane de Saleina 1540 m.

● **154 Cabane de l'A Neuve (Cabane Dufour)**, 2729 m

Die anfänglich mühelose, später sehr steile und anstrengende Hüttentour führt in einen Felskessel von fast bedrückender Enge, der den Bergwanderer jäh mit der Urgewalt wildester Bergnatur konfrontiert.

● **155 Von La Fouly**, 1594 m
Anfangs mühelose, später sehr steile und anstrengende Bergtour. Cabane de l'A Neuve bewartet. 4—5 Std.

Man steigt von La Fouly anfangs sehr bequem nordwestw., quert die Reuse de l'A Neuve und folgt etwa dem nördl. Ufer. Die ersten 500 Höhenmeter werden auf einem Hang zwischen den zwei Bachläufen relativ mühelos überwunden. Nach einer kurzen Talschwelle betritt man eine Karstufe, hier führt der Pfad nach rechts und allmählich immer näher an die Felswand der Essettes heran. In stets zunehmender Steigung geht es die letzten 500 Höhenmeter in einer nach S offenen Felsbucht mühsam zur Hütte. Die Möglichkeit, von hier aus kleine, unschwierige Felsbummeleien zu unternehmen, ist hier noch geringer als in der Saleina-Hütte — die erdrückende Gewalt der Berge rund um den kleinen Felskessel wird hier ganz besonders spürbar.

**● 156 A Abstieg**
3½—4½ Std.

Wie R 155 in umgekehrter Richtung.
**Schwierigkeit:** Anfangs mühelose, später sehr steile und anstrengende Bergtour.
**Wegzeiten:** La Fouly — Cabane de l'A Neuve 4 Std.
**Stützpunkte:** Cabane de l'A Neuve, 2729 m, bewartet.
**Höhenunterschiede:** La Fouly — Cabane de l'A Neuve 1137 m.

**● 157 Fenêtre de Ferret,** 2698 m,
**Mont Fourchon,** 2902 m, und
**Pointe de Drône,** 2950 m

Wer im Schweizer Montblancgebiet eine Gegend finden möchte, die garantiert nicht überlaufen oder übererschlossen wirkt, besuche das Berggebiet zwischen dem Val Ferret und dem Val d'Entremont. Hier gibt es keine fahrbaren Wege, keine Dörfer, Hütten oder sonstigen Spuren der Zivilisation. Hier sind auch keine berühmten Berge, nicht einmal Dreitausender, grandios ist jedoch die Aussicht auf die Montblancgruppe, die Walliser Alpen und die Grajischen Alpen.
Daß dieses Gebiet einerseits relativ niedrig ist und andererseits großen Waldreichtum besitzt, ist darin begründet, daß es von dem eigentlichen Montblancgebiet getrennt ist durch die geologische Grenzlinie, die auch die beiden Ferret-Täler auf italienischem und Schweizer Boden gebildet hat. Westl. davon findet man den sehr festen und kompakten Montblanc-Granit, auf der anderen Seite weichere Ablagerungsgesteine, die viel stärker verwittern und einen guten Vegetationsboden bilden. In den Wäldern dieses Gebiets, beiderseits des Combe de l'A, gibt es relativ viel Rotwild, das hier ein ruhiges Revier hat. Zwar sind nicht alle glänzenden Aussichtspunkte, wie Mont Ferret, 2977 m, Pointe de Drône, 2949 m, für jedermann ohne weiteres zu besteigen, es gibt aber auch leicht erreichbare Ziele. Die Wanderung zum Fenêtre de Ferret ist wohl das lohnendste.

**● 158 Von Ferret**
Problemlose Bergwanderung, bez., jedoch nur bei gutem Wetter lohnend. 3½—4 Std.

Von Ferret auf Fahrstraße bis Les Ars dessous, 1802 m, nun auf Fußweg weiter bis Plan de la Chaux, 2040 m. Auf dieser ersten Wegetappe, in Höhen zwischen 1800—1850 m, interessante Breccien. Hier ostw. ab und, mäßig steil, empor zu den großartigen Lacs

de Fenêtre, dem „Weißen“, „Blauen“ und „Grünen See“ in etwa 2510 m Höhe.
Ein guter Steig führt von dieser idyllischen Oase hinauf zum Fenêtre de Ferret, der Grenze zwischen Schweiz und Italien. Von hier führen unschwierige Gratwanderungen zu den Gipfeln beiderseits des Joches nach W auf den Mont Fourchon, 2902 m, nach O auf die Pointe de Drône, 2950 m.

**● 159 A Abstieg**
3—3½ Std.

Wie R 158 in umgekehrter Richtung.

**● 160 A Abstieg über den Col du Grand St. Bernard**
4—5 Std.

Konditionsstarke (Ausweis mitnehmen!) können vom Fenêtre de Ferret südw. absteigen, bis sie bei den Hütten von Baus die Straße erreichen. Nun steigt man zum Col du Grand St. Bernard auf — herrliches Panorama mit See —, überschreitet hier wieder die Grenze und steigt beim Hospiz, 2469 m, wieder nordw. an bis zum Kamm östl. der Pointe de Drône. Nun etwa auf der gleichen Höhenlinie nordwestw. bis zum Col des Chevaux, 2757 m, von hier westw. hinab, bis man auf den Aufstiegsweg trifft.
**Schwierigkeit:** Sehr schöne, problemlose Wanderung, nur bei gutem Wetter lohnend.
**Wegzeiten:** Ferret — Fenêtre de Ferret 3½—4 Std. Rundwanderung bei Abstieg Hospiz am Col du Grand St. Bernard, 2469 m.
**Höhenunterschiede:** Ferret — Fenêtre de Ferret 993 m.

## Val Montjoie

**● 170 Lacs Jovet,** 2150 m, und **Col d'Enclave,** 2672 m

Der vielbegangene Aufstieg auf den Col du Bonhomme bietet auf halbem Wege einen Abstecher zu den idyllischen Lacs Jovet und ihren kleinen Felslacken. Die ringsum von einem Felsenkranz umgebene Seenlandschaft ist besonders für Familien mit Kindern ein sehr einladendes und geruhsames Ziel, doch kommt auch der Ruhelose beim weglosen Herumstromern am nahen Col d'Enclave voll auf seine Kosten.

**● 171 Von Notre Dame de la Gorge,** 1300 m.
Einfache Bergwanderung, auch bei Schlechtwetter. Restaurant La Balme. 2½—3 Std.

Von Notre Dame de la Gorge, dem Endpunkt der Straße ins Val Montjoie, bis zum Chalet Hôtel la Balme, 1706 m, siehe R 206. Von La Balme folgt man nur noch eine kurze Strecke dem Weg auf den Col du Bonhomme — etwa 20 Höhenmeter unterhalb des großen Starkstromleitungsmastes zweigt ein schmaler Pfad ostw. ab. Er führt bald über den rauschenden Wildbach Le Bon Nant hinüber auf eine weite, nur mäßig geneigte Hochfläche mit Wiesen und Strauchflächen. Wie ein natürlicher Staudamm baut sich nun zwischen zwei Felsriegeln das Gelände auf, nach kurzem Aufstieg über steilere Serpentinen ist das Hochplateau mit seinem etwa 2150 m hoch gelegenen Seebecken erreicht. Ein schmaler Pfad umrundet den großen See, an dessen östl. Ende eine kleine, stets verschlossene Hütte steht. Das übrige Gelände ist weglos und reizt zu stundenlangem Herumstromern bis hinauf zum Col d'Enclave, 2672 m, von wo sich eine großartige Aussicht über den Felsenkranz ostw. ins Gletschertal von Glaciers bietet. Von diesem Joch ist übrigens ein allerdings wegloser Übergang nach Ville des Glaciers möglich, der sich als Variante zur Tour du Montblanc-Etappe über den Col du Bonhomme anböte.

**• 172 A Abstieg**
2 Std.

Wie R 171 in umgekehrter Richtung. Wer sich unterhalb des natürlichen Staudammes mehr nach links hält, findet auf einer Fahrspur eine weitere, höhergelegene Wegabzweigung mitten auf der Hochfläche.

**Schwierigkeit:** Durchwegs einfache Bergwanderung.
**Wegzeiten:** Notre Dame de la Gorge — La Balme 1½ Std.; La Balme — Lacs Jovet 1—1½ Std.
**Stützpunkte:** Nant Borrant, 1440 m, Hotel; La Balme, 1708 m, Berggasthof, voll bewirtschaftet.
**Höhenunterschiede:** Notre Dame de la Gorge — La Balme 450 m; La Balme — Lacs Jovet 450 m; Lacs Jovet — Col d'Enclave 520 m.

**• 173 Cabane des Conscrits,** 2730 m

Einem völlig problemlosen Hüttenbummel, ideal für einen Familienausflug, folgt ein sehr ernst zu nehmender Aufstieg durch Fels und Eis, der mitten in die Gletscherregion des Glacier de Tré-la-Tête

*Die Wallfahrtskirche von Notre Dame de la Gorge.*

emporführt. Starke Gegensätze prägen dieses Unterfangen, das nur bei guten Wegverhältnissen zu empfehlen ist.

**● 174 Von Notre Dame de la Gorge**

Bis zum Hotel Tré-la-Tête einfache Wanderung, der weitere Aufstieg erfordert Trittsicherheit, Schwindelfreiheit, Gletscherausrüstung und Gehen in Seilschaft! Restaurant am Hotel Tré-la-Tête, einfache Bewartung an der Cabane des Conscrits. Bis Hotel Tré-la-Tête 1¾—2¼ Std., bis zur Cabane des Conscrits 3½ Std.

Von Notre Dame de la Gorge folgt man dem Weg zum Col de la Bonhomme (vgl. R 171) bis zum ersten Wegabzweig, wo man links abbiegt (Hinweisschild). Von nun an braucht man nur noch dem Hauptweg zu folgen, an sämtlichen Abzweigungen geht man vorbei. Der Aufstieg zum Hotel de Tré-la-Tête ist auch teilweise durch verschiedenfarbige Farbflecken markiert.
Der durchwegs sehr einfache Aufstieg dauert 2½ bis 3 Std. Das 1970 m hoch liegende Hotel de Tré-la-Tête ist voll bewirtschaftet. Der nunmehr folgende Aufstieg zur Cabane des Conscrits ist nur sehr Trittsicheren zu empfehlen. Man verfolgt den bisherigen Aufstiegsweg weiter (Hinweisschild Glacier de Tré-la-Tête), bis man den Gletscher sieht. Bis zum Betreten der Gletschermoräne folgt man einem kleinen, ausgesetzten, aber nicht schwierigen Steig. Hier ist absolute Schwindelfreiheit und Trittsicherheit nötig! Auf der Moräne orientiert man sich an den Trittspuren, die durch zahlreiche Steinmännchen markiert sind, bis man das Eis des Gletschers betritt. Für das nun folgende kurze Stück über das Eis ist ein Pickel unbedingt erforderlich, auch Steigeisen sind dringend angeraten. Auf dem Eis steigt man nun den Gletscher aufwärts, bis man links am Felsen blaue Markierungen sieht. Von da an folgt man bis zur Hütte dem blau markierten Weg. Die Hütte hat 66 Lager und überrascht mit einem grandiosen Panorama.

**● 175 A Abstieg**

3 Std.

Wie R 174 in umgekehrter Richtung.
Montblanc-Rundwanderer können vom Hotel de Tré-la-Tête gleich zum Chalet Hotel la Balme weiterwandern.
**Schwierigkeit:** Der Weg über das kurze Gletscherstück ist nur dann ohne weiteres möglich, wenn der Gletscher aper ist. Ansonsten ist der Weg nur mit vollständiger Gletscherausrüstung und angeseilt in entsprechender Begleitung zu schaffen. Deshalb vor-

her beim Hüttenwirt des Hotel Tré-la-Tête Erkundigungen einziehen.

**Wegzeiten:** Notre Dame de la Gorge — Hotel Tré-la-Tête 1¾ bis 2¼ Std.; Hotel Tré-la-Tête — Cabane des Conscrits 3½ Std.

**Stützpunkte:** Hotel Tré-la-Tête, 1970 m, voll bewirtschaftet; Cabane des Conscrits, 2730 m, einfach bewartet.

**Höhenunterschiede:** Notre Dame de la Gorge — Hotel Tré-la-Tête 650 m; Hotel Tré-la-Tête — Cabane des Conscrits 760 m.

## III. Rund um die Montblancgruppe

Das Montblancmassiv, welches einen Umfang von etwa 130 qkm hat, bietet dem Bergwanderer entlang seiner klar ausgeprägten Längstäler und über mehrere Jöcher hinweg die Möglichkeit einer kompletten Rundwanderung. Auf den kilometerlangen Höhenwegen, von den Paßübergängen und von den vielen möglichen unschwierigen Gipfelabstechern, eröffnen sich Panorama- und Fernblicke, die zu den großartigsten der ganzen Alpen gehören. Einblicke in chaotische Gletscherbrüche, traumhaft schöne Hochgebirgsseen, melancholische Hochmoore, Wasserfälle, Moränen, Schuttkegel, mannigfache Flora, Relikte verschollen geglaubter, uralter Hausformen . . ., welche Fülle möglicher Erlebnisse für jeden, „der Augen hat, zu sehen"! Auf der Wanderung, die immerhin drei Länder berührt und Jahr für Jahr von zahllosen Wanderern und Bergfexen begangen wird, wurde schon manche Freundschaft aufgebaut und manch interessanter Kontakt geknüpft. Aber auch wer das Gruppenbergwandern scheut, kann es sich so einrichten, daß er die 8- bis 10tägige Wanderung von Mitmenschen relativ unbehelligt genießen wird; dies besonders dann, wenn er Umwege nicht meidet und auf die vorgeschlagenen Nebenrouten abseits der „offiziellen" Tour ausweicht. Diesem passionierten Einzelgeher wird die Kombination des Einzeltouren-Teiles mit den Rundwegkapiteln besonders nützlich sein können.
Ob allein, in trauter Zweisamkeit oder in lustiger Gruppe — diese Tage „rund um den Montblanc" gehören sicherlich zum wertvollsten Erinnerungskapital jedes Bergwanderers.
Die Rundwanderung wurde 1951 auf Betreiben der Alliance Internationale de Tourisme mit Hilfe der Touring-Clubs der angrenzenden Länder durchgehend markiert, der italienische Alpenclub ließ als weiteren Stützpunkt sogar die „Elisabetta Soldini" bauen. Wem die Zeit oder die Lust zur konsequenten Durchwanderung fehlt, kann manche Streckenteile mit Bus, Seilbahn oder Auto zurücklegen; an praktisch allen Etappenzielen ist auch ein „Rückzug in die Zivilisation", z. B. bei Erkrankung, möglich. Außerdem werden im Sommer von Chamonix und Courmayeur Autorundfahrten durchgeführt, die viele Punkte der Rundwanderstrecke berühren, wobei „Liegengebliebene" aufgelesen werden können. Man hole bezüglich der Quartierfrage unbedingt, soweit möglich, rechtzeitig neueste Informationen ein, da vielerorts neu gebaut, aber auch abgeris-

Während der Wanderung um das Montblanc-Massiv bieten sich immer wieder großartige Ausblicke auf den Monarchen und seine Trabanten. Im Bild ein Teil der Aiguilles von Chamonix.

sen wird, und manche Quartiere sehr unregelmäßige und kurze Öffnungszeiten haben. Ebenso können Busse und Bergbahnen ihre Fahrpläne ändern!

**• 200 1. Les Houches — Col de Voza — Les Contamines**

*Ausgangspunkt:* Les Houches, Talstation der Téléphérique Les Houches — Bellevue, 993 m.

**• 201 Aufstieg zum Col de Voza:** Zu Fuß zunächst über Fahrwege westl. der Talstation an Chalets vorbei, mäßig steil bis zur Waldgrenze und bei Les Lavouets auf den Waldpfad. In gleichmäßig steigenden Serpentinen durch den gesamten Waldgürtel, bis man zur Talstation eines Schleppliftes und über freies Almgelände zum Col de Voza, 1653 m, dem Joch zwischen Bellevue und Le Prarion, gelangt.

**• 202** Ein viel interessanterer, wenn auch etwas längerer Aufstieg führt über den östl. Ortsteil Les Gens zum Col du Mont Lachat, 2077 m (s. Beschreibung des Abstieges unter R 3 A). Von hier entlang der Gleise der „Tramway du Mont Blanc" hinab zum Col de Voza.

**• 203** Mit der Téléphérique Les Houches — Bellevue zur Bergstation Bellevue, 1790 m, und auf Karrenweg hinab zum Col de Voza.
Höhepunkt dieser ersten Etappe ist wohl der Einblick vom Col de Voza auf das Montblancmassiv; wer, etwa durch Seilbahnauffahrt, etwas Zeit übrig hat, sollte sein Gepäck deponieren und entweder auf den Mont Lachat oder den Le Prarion marschieren, wo sich noch zusätzliche Aussichtsmomente ergeben (s. R 1).

**• 204 A** Abstieg nach Les Contamines-Montjoie: In südl. Richtung hinab zu den Hütten von Abanel bis zum Weiler Le Crozat, 1413 m, oberhalb des idyllischen Dorfes Bionnassay. Nun ostw. in Richtung des Glacier de Bionnassay, und in weitem Bogen über den Gletscherbach. Nach der Brücke in westl. Richtung talaus mit schönem Blick auf das Tal von Sallanches. Im Weiler Le Champel biegt der Weg südw. ins Tal von Contamines ab, von wo sich der Blick bereits bis zum Col du Bonhomme auftut. Kurz vor dem Weiler Tresse mündet der Weg in die Fahrstraße St. Gervais — Les Contamines (gegebenenfalls Fahrverbindung). Nun wieder talaufwärts, teils über die Fahrstraße, teils über Fußwege, ins Dorf Les

Contamines-Montjoie, 1161 m, die letzte Siedlung im Val Montjoie am Fuße des Mont Joly.

**Touristische Angaben**

| Etappe | Höhen-unter-schiede | Weg-strecke in km | Gehzeit in beschr. Richtung | Gehzeit in Gegen-richtung |
|---|---|---|---|---|
| Les Houches, 1003 m – Col de Voza, 1653 m | 650 m ↑ | 4,8 km | 2 Std. | 1 Std. 30 Min. |
| Col de Voza, 1653 m – Le Champel, 1200 m | 453 m ↓ | 5,2 km | 1 Std. 20 Min. | 1 Std. 50 Min. |
| Le Champel, 1200 m – Tresse, 1020 m | 180 m ↓ | 1,3 km | 35 Min. | 30 Min. |
| Tresse, 1020 m – Les Contamines-Montjoie, 1161 m | 141 m ↑ | 2,5 km | 50 Min. | 40 Min. |
| gesamt | | 13,8 km | 4 Std. 45 Min. | 4 Std. 30 Min. |

| Unterkünfte, Berggasthäuser | Höhen-lage in m | Zahl der Hotels usw. | Zahl der Betten | Zahl der Matrat-zenlager |
|---|---|---|---|---|
| Les Houches | 1003 m | 32 Hotels | 621 | — |
| Col de Voza | 1653 m | 2 Hotels | 125 | — |
| Tresse | 1020 m | 1 Restau-rant, 1 Hotel | —<br>20 | — |
| Les Contamines | 1161 m | 23 Hotels | 340 | — |

**• 205 2. Les Contamines — Col du Bonhomme — Les Chapieux**

*Ausgangspunkt:* Les Contamines-Montjoie, 1161 m.

**• 206 Aufstieg zum Col de la Croix du Bonhomme:** Auf der Straße nach Notre Dame de la Gorge etwa 2 km entlang. Bevor die Straße rechtwinklig nach W — zur Brücke — abbiegt, begibt man sich auf den bequemen Fußweg östl. des Bachlaufs. Unter dem Sessellift hindurch gelangt man, an einigen Kreuzwegstationen vorbei, zur sehenswerten Wallfahrtskirche Notre Dame de la Gorge; daneben der historische Pfarrhof und ein altes stimmungsvolles Gasthaus. Auf der Wiese davor spielt sich vielfach ein reges Treiben von Zeltlern und Campern aller alpinen Richtungen ab.
Von Notre Dame de la Gorge nach links über die Brücke. Die sog. Römerstraße, eine mit Felsplatten gepflasterte, wohl mittelalterliche Wegtrasse, führt zunächst recht steil östl. der Schlucht durch dichten Wald empor. Nach der alten Steinbogenbrücke erreicht man in verflachendem Wiesen- und Weidegelände das Chalet du Nant Borrant, 1459 m, das von den Dômes de Miage und dem Glacier de Tré-la-Tête eindrucksvoll überragt wird.
Der noch von geländegängigen Wagen befahrbare Weg führt nun flach ansteigend, vorbei an den Alphütten von Chalets La Role zum Chalet Hôtel la Balme, 1706 m. Etwa 50 m weiter links vom Fahrweg ab und auf steilerem Fußpfad, dem Fahrweg ausweichend, auf das weite Plateau des Plan des Dames, dessen Wiesen unter der wilden Felsszenerie des Roches-Trandes und der Aiguilles de la Penaz in üppigstem Grün aufblühen. Ein ebenmäßiger Steinkegel von über 6 m Durchmesser und weit mehr als 2½ m Höhe erinnert der Legende nach an eine englische Bergsteigerin, die hier zusammen mit ihrem Diener im Schneesturm in etwa 2050 m Höhe erfroren sein soll. Die Leichname seien unter dem Steinhügel bestattet. Das „Steinopfer“ der Vorüberziehenden diene der baldigen Erlösung der Seelen, heißt es, und noch heute legen manche traditionsbewußten Bergsteiger hier einen weiteren Stein auf den wachsenden Kegel...
Der Weg zieht nun das weite, von einem Wildbach durchrauschte Hochtal empor und erreicht mäßig steigend den Col du Bonhomme, 2329 m, mit neuem winzigem Unterstandshüttchen. Von hier überblickt man nordw. das langgezogene Val Montjoie und die Tré-la-Têtegruppe, ostw. ragt der nahe Rocher du Bonhomme empor.
Zweifellos die schönste Strecke des Aufstieges ist der nun folgende gemächliche Bummel durch die felsdurchsetzte SW-Flanke der Tê-

*Auf dem Weg zum Col du Bonhomme; Rückblick in das Val Montjoie.*

te Fours. Der nur gering ansteigende Pfad ist von herrlichen Ausblicken ins Tal begleitet, quert zwei Wasserläufe und führt in ³/₄ Std. zum Col de la Croix du Bonhomme, 2483 m. Nur 3 Min. von hier entfernt steht das Refuge du Col de la Croix du Bonhomme, 2443 m — es wirkt äußerlich wie eine Burgruine, überrascht aber durch große Herzlichkeit. Ebenso überraschend ist der herrliche Ausblick auf die Gletschermassive von Tarentaise im S und auf die Gipfel des Beaufortain im W.

**Touristische Angaben**

| **Etappe** | **Höhenunterschiede** | **Wegstrecke in km** | **Gehzeit in beschr. Richtung** | **Gehzeit in Gegenrichtung** |
|---|---|---|---|---|
| Montjoie-N.D. de la Gorge, Les Contamines, 1161 m — 1400 m | 239 m ↑ | 3,5 km | 50 Min. | 45 Min. |
| N.D. de la Gorge, 1400 m — Nant Borrant, 1459 m | 59 m ↑ | 1,4 km | 45 Min. | 25 Min. |
| Nant Borrant, 1459 m — La Balme, 1706 m | 247 m ↑ | 2,6 km | 45 Min. | 30 Min. |
| La Balme, 1706 m — Col du Bonhomme, 2329 m | 623 m ↑ | 3,1 km | 2 Std. 15 Min. | 1 Std. 20 Min. |
| Col du Bonhomme, 2329 m — Col de la Croix du Bonhomme, 2483 m | 154 m ↑ | 1,5 km | 50 Min. | 30 Min. |
| Col de la Croix du Bonhomme, 2483 m — Les Chapieux, 1554 m | 929 m ↓ | 3,9 km | 1 Std. 45 Min. | 3 Std. 20 Min. |
| gesamt | | 16,0 km | 7 Std. 10 Min. | 6 Std. 50 Min. |

| Unterkünfte, Berggasthäuser | Höhenlage in m | Zahl der Hotels usw. | Zahl der Betten | Zahl der Matratzenlager |
|---|---|---|---|---|
| Les Contamines | 1161 m | 23 Hotels | 340 | — |
| Notre Dame de la Gorge | 1400 m | 1 Restaurant | — | — |
| Nant Borrant | 1459m | 1 Hotel | 10 | — |
| La Balme | 1706 m | 1 Berggasth. | 10 | 25 |
| Refuge du Col de la Croix du Bonhomme | 2443 m | 1 Clubhütte | — | 8 |
| Les Chapieux | 1554 m | 2 Hotels | 30 | 25 |

● **207 A** **Abstieg nach Le Chapieux:** Nun gibt es zwei Möglichkeiten, die Tour nach Italien fortzusetzen:

● **208** Der leichtere Weg — nach Chapieux — führt, in der Nähe der erwähnten Schutzhütte vorbei, zunächst hinab zu den Almhütten von Plan Varano und La Raja, von wo man Les Chapieux bereits überblickt. Dieser bescheidene Weiler steht am Anfang des tiefen Gletschertales, das sich zum Col de la Seigne emporzieht.
*Hinweis:* In Les Chapieux befindet sich das alte „Hôtel du Soleil" und das neue, sehr empfehlenswerte Hotel „Auberge La Nova".

● **209** Der höher gelegene Übergang über den Col des Fours, für unerfahrene Touristen bei Nebel oder Schlechtwetter unbedingt abzuraten, ist bei der nächsten Tagesetappe beschrieben. Um diese Variante zu gehen, nächtigt man am Refuge de la Croix du Bonhomme, 2443 m.
*Hinweis:* Man verwechsle den Abstieg R 209 nicht mit dem Wanderweg Holland — Mittelmeer, der zwischen Le Brévent und dem Col de la Croix du Bonhomme mit der Tour de Montblanc zusammenfällt und hier über die Crête des Gittes und den Col de la Sauce nach Roselend hinunterführt.

**● 210 3. Col de la Croix du Bonhomme — Col des Fours — Ville des Glaciers** (Nebenroute)

*Ausgangspunkt:* Refuge de la Croix du Bonhomme, TCF, 2443 m.

**● 211 Aufstieg zum Col des Fours:** Vom Refuge hinauf zur Steinpyramide, wo die Markierung beginnnt. Der Pfad, welcher oft noch im Juli nicht ausgeapert ist, verläuft nordostw. unter der Starkstromleitung hindurch auf eine Hochfläche. Auf dem nun bald erreichten Col des Fours steht ein kleiner, ungedeckter Unterstand als Windschutz; eine weitere, kleine Wellblechbaracke militärischer Herkunft erreicht man vom Paß aus unterhalb der Tête Sud des Fours. Der Col des Fours — mit 2710 m höchster Punkt der gesamten Tour de Montblanc — bietet eine hervorragende Aussicht. Bei gutem Wetter sollte man hier noch unbedingt die Tête Nord des Fours, 2756 m, auf dem völlig unschwierigen Pfad besteigen, wo sich der schönste Einblick in die S-Seite der Montblanc-Kette auftut.

**Touristische Angaben**

| **Etappe** | **Höhenunterschiede** | **Wegstrecke in km** | **Gehzeit in beschr. Richtung** | **Gehzeit in Gegenrichtung** |
|---|---|---|---|---|
| Refuge Col de la Croix du Bonhomme, 2443 m - Col des Fours, 2710 m | 267 m ↑ | 1,0 km | 40 Min. | 30 Min. |
| Col des Fours, 2710 m - Les Tufs, 1993 m | 717 m ↓ | 3,0 km | 1 Std. 10 Min. | 1 Std. 50 Min. |
| Les Tufs, 1993 m — Ville des Glaciers, 1789 m | 204 m ↓ | 1,1 km | 20 Min. | 40 Min. |
| gesamt | | 5,1 km | 2 Std. 10 Min. | 3 Std. |

**Unterkünfte, Gaststätten** s. Etappe 2 oder 4 (R 206 bis 209 oder R 214 bis 216)

**• 212 A Abstieg nach Ville des Glaciers:** Zunächst auf Felsbändern hinab in den O-Hang des Col des Fours zum Plan des Fours (gut auf Markierungen achten!). Es folgt eine schlecht markierte Passage durch Schieferhänge, kleine Steindauben wechseln mit rot-weißen Markierungen auf Felsbrocken. An den Hütten von Les Tufs, die man schließlich erreicht, kann üppiger Pflanzenwuchs zuweilen die Markierungen ganz verdecken. Nach den Hütten ist der Pfad wieder gut markiert und man steigt mühelos nach Ville des Glaciers ab.

## • 213 4. Les Chapieux — Col de la Seigne — Courmayeur

*Ausgangspunkte:* a) Les Chapieux, 1554 m (bei Wahl der Normalroute als zweite Etappe).
b) Ville des Glaciers, 1789 m (bei Wahl der Nebenroute vom Col de la Croix du Bonhomme über den Col des Fours als dritte Etappe).

**• 214 Aufstieg zum Col de la Seigne:** Von Les Chapieux auf dem Sträßchen am rechten Ufer des Gletscherbaches entlang, an den Hütten von Séloge vorbei, zunächst bis nach Ville des Glaciers, einer Gruppe prächtiger Sennhütten am Ufer des Torrent des Glaciers (bescheidene Verköstigung, gegebenenfalls Unterkunft möglich). Wegweiser bei der Kapelle am Aufstieg zum Col des Fours. Hier verläßt man das Sträßchen, überquert den Gletscherbach und folgt dem Pfad am linken Ufer nach Les Mottets (Heulager in einer Sennhütte oder Zelten bei den Hütten von Inglaret, etwas weiter unten, möglich; Gasthaus existiert nicht mehr). Der Pfad steigt nun in weiten, bequemen Kehren zum Col de la Seigne, wo eine große Steinpyramide die franz.-ital. Grenze markiert. Der Col de la Seigne ist ein uralter Paßübergang (Cremonis Jugum); einigen Historikern zufolge soll Hannibal auf seinem sagenhaften Marsch nach Rom hier durchgezogen sein. Nach O öffnet sich ein herrlicher Blick ins Val Vény, auf den durch die riesige Moräne des Glacier de Miage aufgestauten Lac de Combal.

**• 215 A Abstieg nach Courmayeur:** Ostw. hinab ins weite Vallon de la Lex Blanche, durch einige Tobel zur Alpe superieure de la Lex Blanche und auf Saumpfad weiter zur Clubhütte „Elisabetta Soldini"; von der Terrasse überblickt man das ganze Tal und die großartigen Felsbastionen der Montblanc-Seite. Über die Häusergruppe der etwas tiefer liegenden Alpe inférieure de la Lex Blanche führt ein serpentinenreicher Fahrweg in den Talgrund des Lac de Combal, der durch eine seltene Vielfalt von Alpenblumen begeistert. Von hier ab ist die Straße allgemein befahrbar. Die riesige, sumpfige Hochfläche entstand durch den Moränenwall des Glacier du Miage; ehemals ein von Weiden umsäumter Wasserspiegel, ist sie heute eine von unzähligen gleißenden Wasserbändern durchzogene Schutt- und Schwemmlandebene, in der sich stetig Schlamm und Geröll ablagert. Am Ende des Sees befinden sich ein Damm sowie Reste von Befestigungsanlagen. Nach links zweigt hier in Richtung einer Schutzhütte ein Fußweg ab, der zur Randmoräne des Gletschers und zum vielbesuchten, winzigen Lac du Miage, 2020 m, führt, in dessen milchigem Eiswasser sich die Aiguille Noire de Peuterey spiegelt. Am Fuße der Randmoräne weiter die Fahrstraße entlang, an schroffen Sturzbächen vorbei, zum Restaurant von La Visaille (Ausgangsort für die bedeutenden Montblanc-Stützpunkte *Gonella-Hütte,* 3071 m, *Quintino-Sella-Hütte,* 3371 m, und *Rif. Franco Monzino* [ehem. Gamba-Hütte], 2663 m, Bergsteigerheime für schwere und schwierigste Unternehmungen auf der Südwest- und Südseite des Monarchen, welche teils nur mit sehr schwierigem Anstieg zu erreichen sind und sich mit mancher anspruchsvollen Ostalpen-Gipfelfahrt vergleichen lassen). Die nächsten Straßenkehren abkürzend, gelangt man über die Chalets du Miage in die ausgedehnte Ebene des eigentlichen Val Vény, eine grasbewachsene Hochebene zwischen Tannenbäumen. Während der gesamten Talwanderung bietet sich eine Folge schöner Einblicke in die Montblanc-Südseite, die hier jäh ins Tal abfällt. Am Ende des Plan Vény liegt das Hotel von Purtrud; ehemals blühte hier ein prächtiger Naturpark, jetzt erblickt man nur noch eine kleine Lichtung zwischen Felsen und Geröllmassen, die ein riesiger Felssturz im Jahr 1920 hier hinterlassen hat. Die Straße führt nun durch den Waldgürtel, an einer magnesiumhaltigen Quelle vorbei, zur Wallfahrtskirche Notre Dame de la Guérison, einem sehr sehenswerten Heiligtum; nachdem die alte Kirche 1820 durch das Vorrücken des Brenvagletschers zerstört worden war, wurde sie hier, an höherer Stelle, wieder aufgebaut und 1867 eingeweiht. Von diesem Standort genießt man den letzten Nahblick in die Gletscherwelt der Brenva, auf die wilden Grate der Grandes Jorasses,

*Abstieg vom Col de la Seigne mit Montblanc im Hintergrund.*

der Aiguille de Rochefort, des Dent du Geant und den Grand Flambeau mit dem Eperon, wo die Luftseilbahn über das Vallée Blanche verankert ist.

**Touristische Angaben**

| Etappe | Höhenunterschiede | Wegstrecke in km | Gehzeit in beschr. Richtung | Gehzeit in Gegenrichtung |
|---|---|---|---|---|
| Les Chapieux, 1554 m — Ville des Glaciers, 1789 m | 235 m ↑ | 4,6 km | 1 Std. 30 Min. | 1 Std. |
| Ville de Glaciers, 1789 m — Les Mottets, 1864 m | 75 m ↑ | 1,4 km | 20 Min. | 20 Min. |
| Les Mottets, 1864 m — Col de la Seigne, 2516 m | 652 m ↑ | 4,0 km | 2 Std. | 1 Std. 20 Min. |
| Col de la Seigne, 2516 m — Cabane Elisabetta Soldini, 2200 m | 316 m ↓ | 3,3 km | 1 Std. | 1 Std. 40 Min. |
| Cabane Elisabetta Soldini, 2200 m — La Visaille, 1659 m | 541 m ↓ | 6,0 km | 1 Std. 10 Min. | 1 Std. 35 Min. |
| La Visaille, 1659 m — Purtrud, 1489 m | 170 m ↓ | 3,4 km | 1 Std. | 1 Std. |
| Purtrud, 1489 m — Notre Dame de la Guérison, 1444 m | 45 m ↓ | 1,5 km | 20 Min. | 25 Min. |
| Notre Dame de la Guérison, 1444 m — Courmayeur, 1226 m | 218 m ↓ | 3,5 km | 40 Min. | 1 Std. |
| gesamt | | 27,7 km | 8 Std. | 8 Std. 20 Min. |

*Lac du Miage mit dem Peuterey-Grat des Montblanc. Von links: Montblanc de Courmayeur, Aiguille Blanche mit Pointe Gugliermina, Dames Anglaises und Aiguille Noire.*

| Unterkünfte, Berggasthäuser | Höhenlage in m | Zahl der Hotels usw. | Zahl der Betten | Zahl der Matratzenlager |
|---|---|---|---|---|
| Les Chapieux | 1554 m | 1 Hotel | 15 | – |
| Elisabetta Soldini | 2200 m | 1 Clubhütte | 32 | Massenlager |
| La Visaille | 1659 m | 2 Restaurants | — | — |
| Purtrud | 1489 m | 1 Hotel | 76 | — |
| Plan Ponquier | 1480 m | 1 Hotel | 43 | — |
| Courmayeur | 1226 m | 78 Hotels | 2193 | — |

Gegenüber dem sich öffnenden Val Ferret fällt die Straße nun in großem Bogen steil nach S ab; links im Talgrund fließen die beiden Doires zusammen, denen das Dorf Entrèves seinen Namen verdankt („zwischen den Wassern"). Über die Fahrstraßen nach La Saxe, Courmayeur oder Dolonne oder aber, etwas unterhalb Notre Dame de la Guérison, auf kleinem, schwer auffindbaren Pfad von der Straße ab, auf einer kleinen Brücke über die Doire und gleich nach Entrèves oder La Palud am Beginn des Val Ferret.

● **216** Wer die vielbefahrenen Straßen des Val Vény meiden möchte, kann — abseits der „offiziellen" Route — den großartigen und noch aussichtsreicheren Höhenweg über die Alm L'Arp Vieille inferiore (2073 m, Abzweigung am Lac du Miage) und superiore, 2303 m, wählen und über den Col Chécrouit nach Dolonne absteigen (s. R 109 A). Anstatt von der L'Arp Vieille inferiore fast 300 Höhenmeter zu diesem Höhenweg aufzusteigen, kann man unmittelbar am Col de la Seigne nach S dem hier zum Col di Chavannes emporführenden Pfad folgen und die ausgedehnte Höhenwanderung südl. des Monte Percé bis zum Mont Fortin genießen. Diese Variante ist dem „Normalweg" bei gutem Wetter vorzuziehen.
Wer noch höher hinauf will, kann am Mont Fortin den bereits hochalpinen, allerdings unmarkierten Höhenweg über den Mont Favre, den Col de Youla und den Col d'Arp bis nach Dolonne begehen (Beschreibung s. R 106).

**• 217 5. Courmayeur — Grand Col Ferret — Ferret**

*Ausgangspunkt:* Courmayeur, 1226 m, oder Nebenorte.

**• 218 Aufstieg zum Grand Col Ferret:** Vom Ortsteil La Saxe westl. neben der Hauptstraße am Fuß des Mont de La Saxe nach Entrèves oder La Palud (Talstation der Seilbahn zur Pointe Helbronner. Von hier kann man entweder mit der Seilbahn (2 Sektionen) oder zu Fuß über den Mont Fréty in 5½—6 Std. die *Turiner Hütte* (Rifugio Torino), 3323 m, etwas unterhalb des Col du Géant, erreichen; mühsame, jedoch auf Grund der von der Turiner Hütte aus hervorragenden Einblicke in die Montblanc-Ostseite empfehlenswerte Bergwanderung).

Die vielbefahrene Asphaltstraße führt anfangs steil, später flacher zum malerischen Ort Planpincieux (Ausgangspunkt für die *Jorasses-Hütte* (Refuge des Grandes Jorasses, auch Rifugio Boccalatte), 2803 m, welche jedoch nur mit teils schwierigem Anstieg erreicht werden kann) und an den Stadelgruppen von Il Ponte und Tronchey vorbei, fast völlig eben nach La Vachey (zwei Gastwirtschaften, Unterkunft). Endstation der Busverbindung ist neuerdings Arnouva, wo jedoch keinerlei Übernachtungsmöglichkeit besteht; man muß also schon in La Vachey nächtigen.

Die nunmehr asphaltierte Straße führt nach kurzen Steigungen in das weite Talbecken von Frébouze, das von den wilden Zinnen der Aiguille des Leschaux, der Petits und Grandes Jorasses überragt wird. Die Straße quert den Wildbach (Wegabzweigungen zur Alp Malatra, vgl. R 127), passiert die Stadel von Gruetta und zieht durch schöne Lärchenbestände am Fuße der Pointe Busio auf die Hochfläche von Arnuva (kleines Wirtshaus, keine Unterkunft, Ende der allgemein befahrbaren Straße). Ein Karrenweg führt nun zu den Hütten von Pré de Bar auf eine höhere Etage der Hochebene. Im nördl. Talschluß mündet der Gletscher von Pré de Bar, ein kleiner Pfad verleitet zu einem Abstecher an die fast senkrechte Eiswand des Gletschers, aus dessen Tor ein Hauptzufluß der Doria sprudelt.

Die früher geländewagentaugliche Straße führt nun steiler den N-Hang empor, die Straße, heute teilweise weggespült und offenbar dem Verfall preisgegeben, endet unmittelbar an der Alpe superiore di Pré de Bar, 2316 m. Die Ruinen der ehemaligen Clubhütte „Elena", 1960 durch Lawinen zerstört, liegen in einer Mulde ein Stück hinter den oberen Hütten von Pré de Bar. Ein Bergpfad zieht mit zahlreichen Kehren weiter, beschreibt einen großen Bogen am Rande einer tiefen Schlucht und wendet sich schließlich nordw.

zur Paßhöhe mit dem ital.-schweiz. Grenzstein am Grand Col Ferret.

● **219** Wer die vielbefahrenen Autostraßen des Val Ferret vermeiden will, kann von La Saxe auf den Mont de La Saxe aufsteigen und hier die aussichtsreichere Höhenwanderung über die Almen La Lichère, Armina und Séchéron bis in den Talgrund oberhalb La Vachey unternehmen (siehe Beschreibung R 128).

**Touristische Angaben**

| **Etappe** | **Höhen-unter-schiede** | **Weg-strecke in km** | **Gehzeit in beschr. Richtung** | **Gehzeit in Gegen-richtung** |
|---|---|---|---|---|
| Courmayeur, 1226 m — La Palud, 1370 m | 144 m ↑ | 3,4 m | 1 Std. | 45 Min. |
| La Palud, 1370 m — Planpincieux, 1579 m | 209 m ↑ | 2,0 km | 45 Min. | 30 Min. |
| Planpincieux, 1579 m — La Vachey, 1642 m | 63 m ↑ | 3,8 km | 1 Std. | 1 Std. |
| La Vachey, 1642 m — Cabane Elena, 2040 m | 398 m ↑ | 6,0 km | 1 Std. 45 Min. | 1 Std. 15 Min. |
| Cabane Elena, 2040 m — Grand Col Ferret, 2537 m | 479 m ↑ | 2,0 km | 1 Std. 30 Min. | 1 Std. |
| Grand Col Ferret, 2537 m — Ferret, 1705 m | 832 m ↓ | 6,6 km | 2 Std. | 2 Std. 45 Min. |
| gesamt | | 23,8 km | 8 Std. | 7 Std. 15 Min. |

*Auf dem Abstiegsweg vom Grand Col Ferret nach Ferret.*

| Unterkünfte, Berggasthäuser | Höhenlage in m | Zahl der Hotels usw. | Zahl der Betten | Zahl der Matratzenlager |
|---|---|---|---|---|
| Courmayeur | 1226 m | 78 Hotels | 2193 | — |
| Entrèves | 1306 m | 6 Hotels | 120 | — |
| La Palud | 1370 m | 5 Hotels | 106 | — |
| Planpincieux | 1579 m | 5 Hotels | 118 | — |
| La Vachey | 1642 m | 2 Hotels | 26 | einige Matratzenlager |
| Arnouva | 1769 m | 1 Gasthaus | | keine Übernachtungsmöglichkeit |
| Ferret | 1705 m | 2 Hotels | 31 | 50 |

● **220** Eine noch weiter ausgreifende und noch einsamere Variante wäre der Weg von La Saxe ins Val Sapin, auf den Col Sapin und über die Alpe di Séchéron auf den Pas entre deux Sauts. Der Abstieg ins Val Ferret erfolgt dann anschließend durch das Vallone di Malatra.

● **221 A** **Abstieg nach Ferret:** Vom Grenzstein führt die Markierung nach links über sanfte Hänge abwärts, während rechts eine schroffe Schlucht herübergähnt. In Kehren weiter zu den Hütten von La Peule und auf gutem Weg durch blühende Bergwiesen in den Talgrund hinab. Nach der Brücke über die Drance du Ferret mündet der Weg in die Wanderroute zum Großen St. Bernhard ein; kurz darauf erreicht man den Weiler Ferret.

● **222** Ein etwas abenteuerlicherer Weg wäre für Geübtere mit Orientierungssinn der wenig begangene Übergang über den Petit Col Ferret (Col du Grepillon, 2488 m). Der Weg zweigt bereits an den Hütten von Pré de Bar, 2062 m, ab und führt an der Steilstufe oberhalb des östl. Gletscherrandes von Pré de Bar empor; Abstieg durchs Combe des Fonds.

**● 223 6. Ferret — Praz de Fort — Champex**

*Ausgangspunkt:* Ferret, 1705 m.

**● 224 A Abstieg nach Praz de Fort:** Abseits der Straße am rechten Ufer der Drance talabwärts bis zur kleinen Ortschaft La Fouly, wo der Pfad das Ufer wechselt. In La Fouly schöner Campingplatz mit vorzüglicher Sanitärausstattung und gut eingerichteten Chalets, der Besitzer spricht deutsch. Eigentümliche Schuttkegel füllen den Grund des Val Ferret. Während die Bergketten im W aus hartem Granit bestehen, der nur sehr langsam verwittert, sind die ostseitigen Bergketten aus weichem Sedimentgestein aufgebaut; die starke Verwitterung hat auch die Höhe der Echessettes merklich reduziert. Direkt westl. vom Campingplatz beginnt der gut gekennzeichnete Fußweg nach Praz de Fort, er verläuft stets links der Drance und führt überwiegend durch Wald. Der Weg zieht an den markanten Schuttkegeln von Branche d'en Haut und Branche d'en Bas vorbei, folgt dann dem unteren Rand einer großen, bewaldeten Moräne, die einst vom Saleina-Gletscher hier abgelagert wurde. Diese Moräne und der riesige, erratische Block „La Pierre du Renard", über den Gratweg auf der Moräne leicht zu erreichen, stehen unter Naturschutz. Zuletzt überquert man den Schuttkegel der Reuse de Saleina und erreicht Praz de Fort.

**Touristische Angaben**

| Etappe | Höhenunterschiede | Wegstrecke in km | Gehzeit in beschr. Richtung | Gehzeit in Gegenrichtung |
|---|---|---|---|---|
| Ferret, 1705 m — La Fouly, 1594 m | 111 m ↓ | 1,9 km | 20 Min. | 45 Min. |
| La Fouly, 1594 m — Praz de Fort, 1151 m | 443 m ↓ | 7,2 km | 1 Std. 40 Min. | 2 Std. |
| Praz de Fort, 1151 m — Champex, 1466 m | 315 m ↑ | 5,4 km | 2 Std. 30 Min. | 1 Std. 45 Min. |
| gesamt | | 14,5 km | 4 Std. 30 Min. | 4 Std. 30 Min. |

| Unterkünfte, Berggasthäuser | Höhenlage in m | Zahl der Hotels usw. | Zahl der Betten | Zahl der Matratzenlager |
|---|---|---|---|---|
| Ferret | 1705 m | 2 Hotels | 31 | 50 |
| La Fouly | 1594 m | 2 Hotels | 76 | Campingplatz mit Chalets |
| Praz de Fort | 1151 m | 1 Hotel | 15 | — |
| Champex | 1466 m | 12 Hotels | 720 | — |

● **225 Aufstieg nach Champex:** Man verläßt den Talgrund und steigt nach links zu den Hütten von La Deuve hinauf. Nun wieder leicht abwärts nach Plan Raveire, von dort über den Wildbach und weiter durch den Wald zu den zwei Hütten von Le Niolet. An der Straße schneidet man die Kehren ab und erreicht bald die hübsche Ortschaft Champex am gleichnamigen See, der seine Entstehung der Eiszeit verdankt.
*Hinweis:* Der Weg über La Deuve nach Plan Raveire wird offensichtlich nicht mehr unterhalten. Er ist stellenweise schwer zu finden und schlecht gangbar. Die neue gelbe Markierung bleibt bis Issert im Tal und trifft nahe Plan Raveire auf den alten Weg.

● **226 7. Champex — Bovine — La Forclaz**
*Ausgangspunkt:* Champex, 1466 m.

● **227 Aufstieg nach Bovine:** Auf gutem Weg flußabwärts nach Champex d'en Haut und weiter nach Champex d'en Bas hinab. Vor La Poya verläßt man den Weg und folgt einem westw. emporführenden Pfad, der auf der Alp Plan de l'Au in einen bequemen Waldweg mündet. Von hier bis in den Talgrund von La Jure, 1575 m, und weiter bergan zuerst nordw., dann westw. und zuletzt eben bis zur Hütte von Bovine. Von der großen Almweide mit den vielen Buckelwiesen reicht der Blick weit über das Gebiet von Martigny, die Berner und Walliser Alpen und auf das Mittelwallis. Von der Almhütte von Bovine ist ein Abstecher südwestw. zum Kreuz von Bovine

*Am Lac de Champex.*

2259 m, oder auch zur Pointe Ronde, 2655 m, bei guter Sicht unbedingt zu empfehlen (Abstecher zur Pointe Ronde etwa 2 Std.).

● **228 A Abstieg nach La Forclaz:** In westl. Richtung weiter zur Almhütte von La Giète; nun durch den Waldgürtel hinab zu den zwei Hotels von La Forclaz oder, die weitausgreifende Straßenkehre abschneidend, gleich ganz hinunter nach Trient.

**Touristische Angaben**

| Etappe | Höhen-unterschiede | Wegstrecke in km | Gehzeit in beschr. Richtung | Gehzeit in Gegenrichtung |
|---|---|---|---|---|
| Champex, 1466 m — Bovine, 1987 m | 521 m ↑ | 8,9 km | 3 Std. 30 Min. | 2 Std. 30 Min. |
| Bovine, 1987 m — Col de la Forclaz, 1527 m | 460 m ↓ | 4,5 km | 2 Std. 15 Min. | 4 Std. |
| gesamt | | 13,4 km | 5 Std. 45 Min. | 6 Std. 30 Min. |

**Unterkünfte, Berggasthäuser** s. 8. Etappe

● **229 8. Champex — Fenêtre d'Arpette — La Forclaz** (Nebenroute)

*Ausgangspunkt:* Champex, 1466 m.

● **230 Aufstieg zum Fenêtre d'Arpette:** Der Weg zweigt von der Straße nach Les Valettes (bei Höhenmeter 1498) nach NW ab, führt hier in den Wald und erreicht nach 1 km die Almhütte von Arpette und einen neuen, sehr guten Gasthof. Hier haben Stirnmoränen des einstigen Gletschers das Tal abgeriegelt und eine kleine Sumpfebene entstehen lassen, aus der die Drosera hervorsickert. Die Szenerie wird nun wilder und felsiger; im N ragen die Zinnen und Türme der Clochers d'Arpette empor, im S die aus Schneekaren aufragenden Aiguilles d'Arpette. Von La Barme führt ein lohnender Abstecher auf den Col des Ecandies, 2796 m, von wo sich

Das Val d'Arpette mit Pointe des Ecandies (rechts) und Petite Pointe d'Orny.

ein beklemmender Einblick in die zerklüftete Welt des Glacier du Trient bietet. Der Normalweg führt rechts auf das Fenêtre d'Arpette, einen engen Einschnitt zwischen der Pointe des Ecandies und dem Génépi. Unvergeßlich bleibt der Blick auf die Séracs im untersten Teil des Glacier du Trient — ein wie in einer Zeitlupenaufnahme erstarrter, gigantischer Eissturz!

● **231 A Abstieg nach Trient:** Der Weg führt parallel zum östl. Gletscherrand bergab; herrliche Einblicke in den Gletscher. Man kommt an der Hütte von Vésevey, 2096 m, vorüber und gelangt schließlich bei den Ruinen von Ourtiers an die obere Waldgrenze. Bei der Quellfassung von La Forclaz (Les Petudes d'en Bas, Prise du Bisse, 1593 m) trifft man bereits auf die Wegabzweigung zum Col de Balme, überläßt den Aufstieg aber dem kommenden Tage und folgt dem Wasserlauf bis hinab nach Trient oder zum Col de la Forclaz.
*Hinweis:* In Trient gibt es kein Hotel mehr! Deshalb am Col Forclaz übernachten und den Weg gemäß R 233 wählen, der im Vergleich zu R 234 auch wesentlich schöner sein dürfte!

**Touristische Angaben**

| Etappe | Höhenunterschiede | Wegstrecke in km | Gehzeit in beschr. Richtung | Gehzeit in Gegenrichtung |
|---|---|---|---|---|
| Champex, 1466 m — Fenêtre d'Arpette, 2665 m | 1199 m ↑ | 6,8 km | 3 Std. 30 Min. | 2 Std. 30 Min. |
| Fenêtre d'Arpette, 2665 m — Trient, 1326 m | 1339 m ↓ | 5,4 km | 2 Std. 15 Min. | 4 Std. |
| gesamt | | 12,2 km | 5 Std. 45 Min. | 6 Std. 30 Min. |

*Der Glacier du Trient und die Aiguille du Tour vom Fenêtre d'Arpette.*

| Unterkünfte, Berggasthäuser | Höhenlage in m | Zahl der Hotels usw. | Zahl der Betten | Zahl der Matratzenlager |
|---|---|---|---|---|
| Champex | 1466 m | 12 Hotels | 720 | — |
| Arpette | 1627 m | 1 Gasthof | 5 | Almhütte mit 80 Matratzenlagern |
| Trient | 1326 m | 1 Hotel | — | — |
| Col de la Forclaz | 1527 m | 2 Hotels | 30 | Matratzenlager neben dem Hotel „Col de la Forclaz“ |

## • 232 9. La Forclaz — Les Grands — Col de Balme — Montroc

*Ausgangspunkt:* a) Trient, 1326 m, b) La Forclaz, 1527 m, beide an der Verbindungsstraße Martigny — Chamonix.

**• 233 Aufstieg zum Col de Balme:** Von beiden Ausgangsorten ein Stück des Abstieges vom Vortag wieder empor bis Les Petoudes d' en Bas (Prise du Bisse, 1593 m), zur Fassung der Bisse, 1593 m, ¾ Std., diesmal die Séracs des Trientgletschers vor Augen. An der Wegkreuzung westw. empor und in zahlreichen Serpentinen zu den Hütten von Les Grands du Milieu; herrlicher Blick auf den Grands- und Trientgletscher. Um den östl. Sporn der Pointe du Midi herum in den kleinen Kessel von La Remointse, 2078 m, und über die Almweiden von Les Herbagères; kurz vor Erreichen der Paßhöhe trifft der Pfad mit dem Aufstieg, der direkt von Trient heraufführt (R 234), zusammen.

*Am Col de la Forclaz; Blick nach Süden.*

Touristische Angaben

| Etappe | Höhen-unterschiede | Weg-strecke in km | Gehzeit in beschr. Richtung | Gehzeit in Gegen-richtung |
|---|---|---|---|---|
| La Forclaz, 1527 m — Prise du Bisse, 1593 m | 56 m ↑ | 3,0 km | 45 Min. | 45 Min. |
| Prise du Bisse, 1593 m — Col de Balme, 2204 m | 619 m ↑ | 5,5 km | 3 Std. 15 Min. | 2 Std. 15 Min. |
| Col de Balme, 2204 m — Charamillon, 1840 m | 364 m ↓ | 2,0 km | 25 Min. | 1 Std. |
| Charamillon, 1840 m — Le Tour, 1470 m | 370 m ↓ | 2,0 km | 50 Min. | 1 Std. 10 Min. |
| Le Tour, 1470 m — Montroc, 1363 m | 107 m ↓ | 0,9 km | 15 Min. | 20 Min. |
| gesamt | | 13,4 km | 5 Std. 30 Min. | 5 Std. 30 Min. |

| Unterkünfte, Berggasthäuser | Höhen-lage in m | Zahl der Hotels usw. | Zahl der Betten | Zahl der Matrat-zenlager |
|---|---|---|---|---|
| La Forclaz | 1527 m | 1 Hotel | 30 | 40 |
| Col de Balme | 2204 m | 1 Hotel (Notunter-kunft!) | 5 | mehrere Schlaf-stätten |
| Charamillon | 1840 m | 1 Berg-gasth. | — | — |
| Le Tour | 1470 m | 4 Hotels | 100 | — |
| Montroc | 1363 m | 1 Hotel | 40 | — |

**• 234** Ein anderer Aufstieg führt von Trient etwa 700 m bis zum Weiler Le Peuty, von dem der Weg zunächst auf den Schuttkegel des Nant Noir emporsteigt und in zahlreichen Kehren durch den Wald nach Tsanton des Aroles weiterführt. Hier bleibt man auf dem nach rechts führenden Weg und erreicht über Almgelände die Hütten von Les Herbagères, welche noch eine besonders eigentümliche Steinplattendeckung aufweisen. Weitere Serpentinen führen bis auf den Aufstiegsweg R 233, von wo man bald den Col de Balme, die franz.-schweiz. Grenze, erreicht. Schon Goethe soll den Blick von hier ins Tal von Chamonix und dessen „Merkwürdigkeiten" gepriesen haben, und wenn man diese Eindrücke noch vertiefen will, empfiehlt sich ein Abstecher zum Gipfel der Croix de Fer, 2343 m: Zu Füßen das Tal von Chamonix, rechts eingerahmt von der Aiguilles Rouges, links vom mächtigen Massiv der Aiguille Verte und der Aiguilles du Dru, im Hintergrund überragt von der eigentlichen Montblanc-Kuppe und der Aiguille du Goûter.
*Hinweis:* Im „Hotel" Col de Balme sollte nur im Notfall übernachtet werden (kein Wasser!). Die Bezeichnung „Hotel" ist irreführend!

**• 235 A** **Abstieg nach Montroc:** Von der Paßhöhe führt ein guter Pfad über die weiten Almböden zu den Hütten von Charamillon und zum alten Berggasthof. In Kehren hinab in das kleine Dorf Le Tour, die höchstgelegene Ortschaft des Arvetales; nach Montroc noch knapp 1 km auf der Straße.
*Hinweise:* In Montroc gibt es nur noch das Drei-Sterne-Hotel „Les Becs Rouges", das zwar müde Wanderer aufnimmt, für viele aber zu teuer sein dürfte. Im nahen Argentière existiert neben Hotellerie ein sehr großes „Dortoir", also ein Bergsteigerlager mit komplett eingerichteter Küche zu billigem Preis.

**• 236** Talfahrt mit der Télécabine du Col de Balme.

**• 237** **10. Montroc — La Flégère — Plan Praz**

*Ausgangspunkt:* Montroc, 1363 m.

**• 238** **Aufstieg bis La Flégère:** Der Fußweg führt am Tunneleingang und vor dem Hotel Bellevue durch, erreicht Tré-le-Champ und mündet beim Hotel Col des Montets (Ruine!) auf die Paßstraße. Auf der Paßhöhe des Col des Montets, 1461 m, befindet sich ein sehr sehenswertes Naturkundemuseum, das Fauna und Flora des anschließenden Naturreservates zeigt; Eintritt kostenlos. Hier über den Bach und durch lichten Wald hangaufwärts. Nach eini-

gen Kehren folgt man der Abzweigung nordw. weiter und erreicht entlang beeindruckender Felswände die S-Abstürze der Aiguillettes d'Argentière, einen beliebten Klettergarten. Kurz darauf geht es durch zwei unschwierige weite Kamine empor, dann folgt eine etwa 20 m lange, etwas ausgesetzte, jedoch gesicherte Passage; Trittsicherheit und Schwindelfreiheit erforderlich; (Vorsicht bei Nebel!). Ein letzter, steiler Anstieg führt zum Signalpunkt vor Les Chéserys.
Der weitere Weg auf dem Plan des Aiguilles Rouges (auch „Balcon de la Flégère" genannt) bis Plan Praz verläuft auf durchschnittlich 2000 m Höhe und gehört zu den eindrucksvollsten und aussichtsreichsten Höhenwegen der Montblanc-Umrundung; der Blick umfaßt das gesamte Nordpanorama der Montblanc-Kette.
An der Sennhütte von Les Chéserys vorbei führt der Weg fast eben bis La Flégère, Bergstation der Luftseilbahn von Les Praz (Mittelstation für die Drahtseilbahn auf den Index). Ein überaus lohnender Umweg auf dieser Etappe führt über den Lac Blanc (vgl. R 18), den man auf drei verschiedenen Wegen erreichen kann:

**Touristische Angaben**

| Etappe | Höhenunterschiede | Wegstrecke in km | Gehzeit in beschr. Richtung | Gehzeit in Gegenrichtung |
|---|---|---|---|---|
| Montroc, 1363 m — Tré-le-Champ, 1417 m ↑ | 54 m | 0,8 km | 20 Min. | 15 Min. |
| Tré-le-Champ, 1417 m — Les Chéserys, 1998 m | 581 m ↑ | 3,1 km | 2 Std. 40 Min. | 2 Std. 20 Min. |
| Les Chéserys, 1998 m — La Flégère, 1864 m | 134 m ↓ | 2,2 km | 1 Std. | 1 Std. 30 Min. |
| La Flégère, 1864 m — Plan Praz, 2060 m | 196 m ↑ | 5,4 km | 2 Std. | 1 Std. 45 Min. |
| gesamt | | 11,5 km | 6 Std. | 5 Std. 15 Min. |

| Unterkünfte, Berggasthäuser | Höhenlage in m | Zahl der Hotels usw. | Zahl der Betten | Zahl der Matratzenlager |
|---|---|---|---|---|
| Le Tour | 1470 m | 4 Hotels | 100 | — |
| Montroc | 1363 m | 2 Hotels | 40 | — |
| Col de Montets | 1417 m | — | — | — |
| La Flégère | 1864 m | 1 Hotel | 16 | Massenlager |
| Plan Praz | 2060 m | 1 Restaurant | — | — |

● **239** Bei der Wegverzweigung vor Chéserys, 2132 m, rechts ab und auf den Verbindungsweg Col des Montets — Lac Blanc.

● **240** Vor der Sennhütte von Chéserys rechts ab und in weitem S-Bogen hinauf zum Lac Blanc.

● **241** Von Montroc über Tré-le-Champ zunächst entlang der Paßstraße bis zum Col des Montets, 1461 m, und etwas unterhalb der Paßhöhe westw. ab und auf den hier aufsteigenden Höhenweg. Vorbei an einer der beiden winzigen Lacken von La Remua und über Les Deviets, 2053 m, bis zu der von Chéserys emporkommenden Wegabzweigung; nun rechts bis zum Lac Blanc. Abstieg vom Lac Blanc nach La Flégère s. R 23 A.

● **242** **Höhenweg La Flégère — Plan Praz:** Vom Hotel auf dem „Grand Balcon“ weiter westw. (nicht hinab ins Tal!) fast eben bis zu dem vom Index herabreichenden, felsigen Sporn, 1874 m. Hier durch ein leichtes Kaminchen mit eingehauenen Stufen hinab und unmerklich bergab durch die weite Schutthalde bis an den Waldrand. Einige Kehren führen zur Alm de Charlanon, 1812 m, gefaßte Quelle. Hier Wegabzweigungen hinauf zu den Lacs Noirs und hinab nach Chamonix (vgl. R 27). Quer über den Hang und in mäßiger Steigung bis Plan Praz.
*Hinweis:* In Plan Praz befindet sich keine Unterkunft; man nächtigt daher entweder schon in La Flégère oder fährt von Plan Praz mit der Seilbahn nach Chamonix hinab.

**• 243 11. Plan Praz — Le Brévent — Les Houches**

*Ausgangspunkt:* Plan Praz, 2060 m, Mittelstation der Seilbahn Chamonix — Le Brévent. Neues Gasthaus Bel Achat, saubere Nächtigungsmöglichkeit.

**• 244 Aufstieg zum Brévent:** s. R 7.

**• 245 A Abstieg nach Les Houches:** Beschreibung bis zur Wegabzweigung nach Chamonix, 2151 m, s. R 7 A. (Der gesamte Abstieg fällt mit der „Grande Route 5", dem Fernwanderweg Holland — Mittelmeer, zusammen.) Bei der beschilderten Wegverzweigung folgt man dem Weg geradeaus und gelangt nach aussichtsreichem, genüßlichem Abstieg zu den zwei Weilern von Merlet; nach dem zweiten Weiler (Kapelle) dreht der Pfad leicht nach S ab und erreicht den Waldgürtel. Man erreicht bald die riesige Christus-Statue („Christ Roi"), eine 14 m hohe Stahlbetonkonstruktion des Bildhauers Serraz. Im 6 m hohen Sockel ist eine Kapelle eingebaut, im Innern führt eine Treppe empor. Von hier sendet man den letzten Blick ins Tal; wenn man dem Pfad folgt und die Kehren der Autostraße schneidet, kommt man schon bald am Bahnhof von Les Houches an.

**Touristische Angaben**

| Etappe | Höhenunterschiede | Wegstrecke in km | Gehzeit in beschr. Richtung | Gehzeit in Gegenrichtung |
|---|---|---|---|---|
| Plan Praz, 2060 m – Le Brévent, 2524 m | 464 m ↑ | 2,2 km | 1 Std. 45 Min. | 1 Std. |
| Le Brévent, 2524 m – Belachat, 2060 m | 373 m ↓ | 2,2 km | 1 Std. 10 Min. | 1 Std. 30 Min. |
| Belachat, 2060 m – Le Merlet, 1480 m | 580 m ↓ | 2,4 km | 1 Std. 20 Min. | 2 Std. |
| Le Merlet, 1480 m – Les Houches, 1003 m | 477 m ↓ | 3,0 km | 1 Std. 30 Min. | 2 Std. |
| gesamt | | 9,8 km | 5 Std. | 5 Std. 30 Min. |

*Auf dem Weg vom Brévent nach Les Houches. Im Hintergrund die Gruppe der Aiguille Verte mit den Drus.*

| Unterkünfte, Berggasthäuser | Höhenlage in m | Zahl der Hotels usw. | Zahl der Betten | Zahl der Matratzenlager |
|---|---|---|---|---|
| Plan Praz | 2060 m | 1 Berggasth. | — | — |
| Le Brévent | 2524 m | 1 Berggasth. | — | — |
| Merlet | 1480 m | 1 Berggasth. | — | — |
| Les Houches | 1003 m | 13 Hotels | 315 | — |

# IV. Montblanc-Normalanstieg von Les Houches

In Les Houches steht auf einem Schilderbaum: Montblanc 14 Stunden. Nirgends fühlt man sich dem Gipfel so nahe. Je mehr man sich dem Ziel als „Durchschnittsbergsteiger" tatsächlich nähert, um so weiter weg scheint die ersehnte Gipfelkuppe allerdings zu entrücken. Blickt man nach einer schlaflosen Nacht im Sardinenbüchsenlager auf dem Refuge de l'Aiguille du Goûter in undurchdringlichen Nebel, so trennen einen vom Gipfel nicht nur die offiziellen „4—6 Stunden", sondern ganze Welten: vielleicht einen, vielleicht einige Tage warten, vielleicht auch ein seufzerreiches „im nächsten Jahr . . ."; für manchen bedeutet es den Verzicht für immer. Allerdings gibt es auch viele, die der Gipfel so in seinen Bann schlägt, daß sie alle Jahre von weither wieder kommen.
Der heutige Normalweg ist weniger anstrengend als der früher übliche Anstieg über das Refuge Grands Mulets und den Bosses-Grat, da das Refuge de l'Aiguille du Goûter den höchstmöglichen bewirtschafteten und sichersten Ausgangspunkt für die letzte Etappe darstellt. Zudem ist diese Route leichter zu finden, abwechslungsreicher und weniger durch Spalten gefährdet. Sie ist jedoch an einer Stelle auf etwa 100 m Länge extrem steinschlaggefährdet. Beachten Sie unbedingt das Kapitel „Ausrüstung" auf Seite 30!
*Ausgangspunkt:* a) Les Houches, Talstation der Téléphérique Les Houches — Bellevue, 993 m; erste Fahrt 8 Uhr, Zusteigemöglichkeit auf die „Tramway du Mont Blanc" an der Haltestelle Bellevue (La Hutte).
b) Le Fayet, 581 m, Ausgangspunkt der „Tramway du Mont Blanc".
c) Saint-Gervais, 808 m, Haltestelle und Zusteigemöglichkeit zur „Tramway du Mont Blanc".

● 300 **Aufstieg zum Refuge de Tête Rousse**, 3167 m

Mit der „Tramway du Mont Blanc" von einem der Ausgangspunkte bis zur Endstation Le Nid d'Aigle, 2386 m, am Glacier de Bionnassay. Auf gut markiertem Weg in steilen Kehren zu den Hängen des Desert de Pierre Ronde empor. An der SO-Flanke der Les Rognes trifft man nach 1 Std. auf eine kleine Unterstandshütte, 2768 m (verschlossen). Nun nach rechts gegen SO zuerst über Firn, dann über grobes Geröll auf die Felsrippe zwischen dem Glacier de la Griaz und de Bionnassay, die sich bis zur Aiguille du Goûter emporzieht. Der stets gut markierte, steile, doch bequeme Steig führt in zahlreichen Serpentinen auf ein Schneefeld empor, von dem man in wenigen Min. südw. das Refuge de Tête Rousse erreicht.

**● 301 Aufstieg zum Refuge de l'Aiguille du Goûter**

Man erreicht über festgetretene Spuren im Firn am nördl. Rand des kleinen Tête-Rousse-Gletschers nach kurzem Anstieg eine Einsattelung am Fuße der Felsrippe nördl. des großen Couloirs, die, ebenso wie die Anstiegsrippe, bis zur Aiguille du Goûter emporzieht. Zwischen dieser Einsattelung und der Anstiegsrippe muß nun das etwa 100 m breite Couloir gequert werden, das je nach Jahreszeit und Witterung sehr verschiedenartige Verhältnisse aufweist und stets steinschlaggefährdet ist; bei entsprechenden Schneeverhältnissen besteht zudem die Gefahr, abzurutschen, was ebenfalls bittere Folgen haben kann! Wenn möglich, bei Rutschgefahr seilgesichert gehen. Bei starker Ausaperung in warmen Sommern droht hier **extreme Steinschlaggefahr**, der übrigens auch die genannte Einsattelung ausgesetzt ist! Das schlaffe Stahlseil, welches über dieses Couloir hinübergespannt ist, hängt bei Ausaperung übrigens so hoch, daß das Einhängen von Karabinerhaken von zweifelhaftem Vorteil sein kann. Hier sei dringendst angeraten: Zuerst gewissenhaft lauschen, ob nicht der geringste Steinschlag im Anrollen ist. Dann das Couloir in schnellstmöglichem Tempo queren, unter allen Umständen ein Stolpern oder Ausrutschen vermeiden; in der Mitte des Couloirs ist bei Ausaperung mit Rinnsalen und — zwischen Schnee und Fels — mit vereisten Stellen zu rechnen! Das Couloir sollte nur im Alleingang gequert werden — auf keinen Fall im Gegenverkehr! Sofern während der Querung des Couloirs Steinschlag einsetzt, versuche man unbedingt, die rettende Anstiegsrippe in forciertem Tempo zu erreichen — Ausweichmanöver sind sehr fragwürdig, da oft mehrere Steine oder Felstrümmer heransausen, einige davon unterwegs zerbrechen und dabei ihre Richtung ändern. Bei Nebel ist der Steinschlag nur noch zu hören und nicht zu sehen! Der Standplatz am Beginn der Anstiegsrippe ist steinschlagsicher. Hier darf man erleichtert aufatmen und ausrasten. Der nun folgende Anstieg bietet bei guten Verhältnissen keine besonderen Schwierigkeiten. Die gesamte Felsrippe mit dem nur wenig ausgeprägten Grat ist gut gestuft und wenig exponiert, die Pfadspur ist ausreichend markiert und dürfte

*Das Montblanc-Massiv von Nordwesten mit Aiguille du Goûter, Dôme du Goûter und Montblanc. Links von ihm der Mont Maudit, rechts die Aiguille du Bionnassay; darunter der gleichnamige Gletscher.*

über den Schwierigkeitsgrad I kaum hinausführen. Im obersten Abschnitt bieten einige Stahlseile und Eisenstangen eine willkommene Aufstiegshilfe. Bei Nebel kann die Orientierung allerdings sehr problematisch werden, bei Schnee oder gar Vereisung ist vom Aufstieg abzuraten; ein Abstieg von der Hütte ins Tal ist in solchen Fällen öfters nicht mehr möglich, es muß gelegentlich tagelang auf Wetterbesserung gewartet werden.

### • 302 Auf dem Refuge de l'Aiguille du Goûter

Das „Hüttenerlebnis" auf dem Refuge de l'Aiguille du Goûter ist bei Überfüllung vielfach schockierend. In der mit 76 Lagern ausgestatteten Hütte „nächtigen" bei guten Verhältnissen im Normalfall 200—300 Leute, — was noch gut geht —, manchmal aber auch 500 (dann kann man nur noch hocken oder kauern, aber nicht mehr liegen!) Viele Montblanc-Besteiger bezeichnen die Übernachtung auf dieser Hütte wegen der drangvollen Enge als die schlimmste Nacht ihres Lebens — an ausreichenden Schlaf ist jedenfalls nicht zu denken und man muß meistens froh sein, wenn man wenigstens voll ausgestreckt irgendwo am Boden liegen kann. Man achte übrigens genauestens auf seine Ausrüstung, die man stets pedantisch beieinander lassen und stets im Auge behalten sollte — in dem kaum überblickbaren Durcheinander kann schnell manches verwechselt oder sonstwie „verwurschtelt" werden, und der Verlust eines jeden Ausrüstungsstückes — sei es nur ein Handschuh oder eine Mütze! — kann hier böse Folgen haben. Überraschend ist allerdings die Möglichkeit einer geradezu üppigen Verpflegung — wer sich Gepäckerleichterung verschaffen will, kann hier, allerdings nach sehr langem geduldigem Warten, mit einem vollen Menü rechnen.
Wegen der sehr beengten Lage der Hütte zwischen gähnenden Abgründen auf drei Seiten und meterhohen Schneeverwächtungen an der östlichen Rückseite, vor allem aber wegen der starken, oft sturmartigen Winde, ist ein Übernachten im Freien sehr problematisch und nur bei bester Ausrüstung und entsprechender Erfahrung angeraten — für das Aufstellen eines Zeltes fehlt der Platz. Die freistehende Winterraum-Hütte mit ihren 16 Lagern ist ganzjährig offen, aber ebenfalls regelmäßig überfüllt. Bei nächtlichem Schneesturm kann der kurze Gang über vereiste Holzstege zum freistehenden exponierten Abort recht abenteuerlich werden — ggf. nur mit Lampe! Geweckt wird grundsätzlich um 2 Uhr nachts, allgemeiner Aufbruch gegen 3 Uhr — einzelne „Frühaufsteher" marschieren allerdings schon um Mitternacht los!

Das Frühstück wird nach dem Wecken ausgegeben und ist militärisch organisiert.

**● 303 Gipfelanstieg**

Vom Refuge de l'Aiguille du Goûter folgt die Steigspur dem breiten, leicht begehbaren Firnrücken, der südöstl. zum Dôme du Goûter hinaufzieht (NW-Grat). Der Gipfel selbst wird entweder überschritten oder in der S-Flanke umgangen. Ein leichter Abstieg führt auf den Col du Dôme, 4237 m, einen flachen, weiten Firnsattel südöstl. des Dôme du Goûter (hier Einmündung des „alten Normalweges" vom Refuge Grands Mulets). Nun wieder leicht aufwärts zu den Felsen, auf denen das Refuge Vallot, 4362 m, steht. Die große, stets geöffnete Biwakschachtel aus Aluminiumblech ist über einen hochgelegten Eingang an der sturmabgewandten Ostseite zugänglich; in dem ansonsten leeren Innenraum befinden sich 12 dicke Schaumgummimatten 50/180 cm und entsprechend viele Decken. Funktelefon für Notrufe vorhanden. Etwa 50 m ostw., etwas tiefer, liegt das stets verschlossene kleine Observatorium. Der hier ansetzende NW-Grat des Montblanc ist über die beiden Firnhöcker der Bosses du Dromadaire (Grande Bosse, 4513 m, und Petite Bosse, 4547 m) relativ unschwierig zu begehen, kann aber bei Höhensturm sehr unangenehm und eiskalt sein, da er dem Wind stark ausgesetzt ist; Steigeisen sind für die sichere und schnelle Bewältigung daher dringend angeraten und bei sehr hartem Schnee oder Vereisung unbedingt erforderlich. Die Spuren verlaufen meist auf der Grathöhe über die beiden Bosses-Erhebungen und lassen weiter oben die Tournette-Felsen rechts unter sich; weiter auf dem hier nun flachen Firngrat zur geräumigen Gipfelkuppe. 2—2½ Std. von der Vallot-Hütte.

**● 304 A Abstieg**

a) Wie Aufstieg

b) Der Abstieg über das Refuge Grands Mulets — über den alten Normalweg — übertrifft den heutigen Normalanstieg bei weitem an landschaftlicher Schönheit. Die nochmalige Querung des steinschlaggefährdeten Couloirs läßt sich vermeiden, dafür nimmt man jedoch einen spaltenreichen Gletscherabstieg in Kauf, der in heißen Sommern zudem lawinengefährdet ist. Gehen in Seilschaft mit Gletscherausrüstung ist unerläßlich. — Vom Refuge Vallot erblickt man bereits deutlich die breite Spur, die vom Col du Dôme, 4237 m, in das weite, fast ebene Firnfeld des Grand Plateau hinabzieht. Die Spur führt nun direkt nordw. hinab aufs Petit Plateau und westl.

der Gletscherfelsen Rocher de l'Heureux, 3509 m, und Pic Wilson, 3267 m, zum sehr gastlichen Refuge Grands Mulets, 3051 m, das über einen drahtseilgesicherten Felsenzustieg erreicht wird. Der Wechsel der Szenerie auf diesem Abstieg ist faszinierend: Aus der Weite flacher Firnwannen gerät man in immer wildere und steilere Gletscherregionen mit haushohen Eistürmen zu beiden Seiten der in der Mittellinie der Gletschermulde verlaufenden Spur. Besonders eindrucksvoll wirkt der Abstieg unterhalb der Hütte — die Eistürme im wieder verflachenden Teil des Abstiegs sind durch die starke Sonneneinstrahlung teilweise bizarr-phantastisch geformt. Die Spur schwenkt nun ostw. und quert den gesamten Glacier des Bossons. In weitgehend flachem Gelände führt nun ein Weg hinüber zur Mittelstation der Téléphérique de l'Aiguille du Midi, 2309 m.

c) Noch abenteuerlicher ist der Abstieg zum Gite à Balmat. Vom Refuge Grands Mulets folgt man wie bei Abstieg b) zunächst der deutlichen Spur, zweigt aber im Anblick der nahen Felsen *weglos* ab. Das Durchqueren des hier zwar fast flachen, aber sehr unübersichtlichen Spaltengewirrs ist nur bei entsprechender Gletschererfahrung und gehörigem Orientierungssinn angeraten und natürlich nur bei gutem Wetter. Vom Gite à Balmat folgt man dem Abstieg R 8.

**Schwierigkeit:** Der Normalanstieg bietet unter guten Verhältnissen kaum Schwierigkeiten, ist aber im Augenblick eines Wettersturzes, bei einfallendem Nebel oder Schneesturm eine nicht zu unterschätzende Unternehmung, wie viele Unfälle und Abstürze in jedem Jahr und zu allen Jahreszeiten auf den weiten Firnfeldern mit ihren oft ungeheuren Spaltenzonen beweisen.

Die in 4362 m Höhe an der Vereinigung der drei Normalanstiege gelegene Vallot-Hütte kann ebenso Rettung in Bergnot sein wie sie auch bei lang anhaltendem Schlechtwetter eine unglückliche Mausefalle werden kann. Immerhin erfordert auch der leichte Montblanc-Anstieg selbst bei schönem Wetter von einem Bergsteiger große Ausdauer, ein leistungsfähiges Herz und eine gute Lunge. Die vielen, oft sehr guten Bergsteiger, die mangels des nötigen Höhentrainings (Höhenanpassung) auf den Anstiegen des Montblanc den Erschöpfungstod erlitten, sprechen eine eindringliche Mahnung. Im Couloir gibt es jedes Jahr Tote — meist wegen mangelnder Vorsicht und unzureichender Information!

*Der Bosses-Grat zum Gipfel des Montblanc.*

Wenn auch auf dem Normalweg kaum Spaltengefahr droht, so ist doch ein Gehen in Seilschaft, mit Steigeisen und Pickel, ein Gebot der Vernunft; bei Vereisung oder hartem Firn ist die Begehung des Bossesgrates nur mit entsprechender Ausrüstung vertretbar. Verwegene Einzelgänger sollten nicht unbedingt als Vorbild dienen.

**Gehzeiten:** Les Houches — Bellevue zu Fuß 2 Std.; Bellevue — Nid d'Aigle zu Fuß 2 Std.; Nid d'Aigle — Refuge de Tête Rousse 2½ Std.; Refuge de Tête Rousse — Refuge de l'Aiguille du Goûter 3—4 Std.; Refuge de l'Aiguille de Goûter — Refuge Vallot 2½—4 Std.; Refuge Vallot — Montblanc 2—2½ Std.

**Stützpunkte:** Refuge de Tête Rousse, 3167 m, einfache Unterkunft für 30 Personen, bew. von Ende Juni bis Ende September — Refuge de l'Aiguille du Goûter, 3817 m. 76 Plätze, bew. von Ende Juni bis Ende September, Funktelefon, 54 40 93 (Ortsgespräch Chamonix, Verständigung mit dem Hüttenwirt nur in franz. Sprache), Winterraum mit 16 Plätzen und Kochgelegenheit stets geöffnet. — Refuge Vallot, 4362 m, unbew., Biwak, 12 Schaumgummimatratzen mit Decken, Funktelefon, Nächtigung nur im Notfall! — Refuge Grands Mulets, 3051 m, bew. während der Sommermonate. 70 Plätze.

**Wichtige Hinweise:**

a) Vor dem Aufstieg ist eine telefonische Voranmeldung dringendst angeraten, am besten schon 2 Tage im voraus.

b) Bei guten Verhältnissen ist erfahrungsgemäß in jedem Falle mit totaler Überfüllung der Hütte zu rechnen, an ausreichenden Schlaf ist jedenfalls wohl nie zu denken!

c) Auf der Hütte ist nur eine einmalige Übernachtung möglich — am Tage des Gipfelanstiegs muß man auch von der Hütte absteigen, um nachdrängenden Gipfelstürmern Platz zu machen! Mehrfache Übernachtung nur im Notfall, z. B. bei Schlechtwetter, Vereisung usw.

d) Vor dem Aufstieg ist in jedem Falle die Wetterprognose im Bergführerbüro zu erkunden.

e) Wenn Sie am Refuge de l'Aiguille du Goûter nicht schlafen können — und das können Sie unter den hier gegebenen Umständen nur mit einer Roßnatur — dann regen Sie sich nicht auf und vertrauen Sie auf die Tatsache, daß völlig ruhiges, entspanntes Liegen ausreichenden Ersatz bietet. Wenn möglich, schon nach Erreichen der Hütte Ruhe und Entspannung suchen. Seien Sie aber bestrebt, die vorausgehende Nacht lang und tadellos zu schlafen!

# Stichwortverzeichnis

Die Zahlen bedeuten ausschließlich die mit ● bezeichneten Randzahlen, nicht die Seiten, sofern nicht eigens „Seite“ angegeben. Hütten sind nicht unter R wie Refuge, sondern unter dem jeweiligen Hüttennamen eingeordnet.

# NOTIZEN

# NOTIZEN